Ocurrencias
de un espectador

Pedro Fernández Álvarez

Ápeiron Ediciones

2025

Ocurrencias de un espectador

Pedro Fernández Álvarez

τέχνη

1.ª edición, 2025

© Del texto, Pedro Fernández Álvarez
© De la imagen de portada, Tarsicio González Morales
© Ápeiron Ediciones
C/ Príncipe de Vergara, n.º 132, planta 9
28002 Madrid
Tfno.: (+34) 611 00 28 41
E-mail: info@apeironediciones.com
http://www.apeironediciones.com/

Diseño y maquetación: Ápeiron Ediciones

Papel procedente de fuentes responsables

ISBN: 979-13-990747-8-9
Depósito legal: M-22027-2025

Índice

PREFACIO

Aunque hoy el término "espectador" nos lleve a pensar inevitablemente en el que está sentado contemplando un espectáculo audiovisual de teatro, cine, televisión, etc., el sentido con el que utilizo el término en el título de esta antología de microensayos -unos más largos y enjundiosos y otros más magros y breves-, es mucho más amplio. Es el que le dio José Ortega y Gasset en la recopilación de sus artículos periodísticos titulada precisamente así, *El espectador*. En las confesiones introductorias del primer volumen, Ortega cita el término que Platón utiliza en su *República* para referirse a aquellos que tienen un carácter especulativo: φιλοθεάμονες, *filozeámones*, "amigos de mirar". Y nos aclara cuál es su propósito:

> El escritor, para condensar su esfuerzo, necesita de un público, como el licor de la copa en que se vierte. Por esto es *El Espectador* la conmovida apelación a un público de *amigos de mirar*, de lectores a quienes interesen las cosas aparte de sus consecuencias, cualesquiera que ellas sean, morales inclusive. Lectores meditabundos, que se complazcan en perseguir la fisonomía de los objetos en toda su delicada, compleja estructura. Lectores sin prisa, advertidos de que toda opinión justa es larga de expresar. Lectores que al leer repiensen por sí mismos los temas sobre que han leído. Lectores que no exijan ser convencidos, pero, a la vez, se hallen dispuestos a renacer en toda hora de un credo habitual a un credo insólito. Lectores que, como el autor, se hayan reservado un trozo de alma antipolítico. En suma: lectores incapaces de oír un sermón, de apasionarse en un mitin y juzgar de personas y cosas en una tertulia de café.
> A hombres y mujeres de tan rara índole se dirige *El Espectador*, que es un libro escrito en voz baja.

Así, en voz baja, he venido escribiendo estas ocurrencias, para los *filozeámones*, que no son sino eso: miradas sobre lo que nos rodea y merodea, con el único fin de intentar encontrar un sentido o sinsentido en cada cosa, suceso o conducta.

Antes de que te apliques, desocupado lector, a ojear sin prisa estos osados ensayos, quisiera hacer la siguiente consideración. Como podrás comprobar, cito a menudo textos bíblicos, pues soy un gran aficionado y coleccionista de la Biblia. De hecho, tengo biblias en multitud de idiomas: el hebreo y arameo originales, el griego de la *koiné*, el latín tardío, el castellano antiguo, el inglés, el francés, el alemán, el chino, el romaní, el occitano… ¿Es porque creo que es un texto sagrado, la *palabra de Dios*? Lejos de mí tal perspectiva, pues considero que es un texto humano, demasiado humano, como diría Nietzsche. No cabe duda de que ha sido y es la guía moral y espiritual para muchas personas y la inspiración para grandes escritores, como San Agustín o San Juan de la Cruz. Pero si sopesamos los hechos de la historia, pasada y reciente, difícilmente podríamos considerarlo un texto sagrado. Más bien lo contrario, pues ha sido y sigue siendo el alimento para muchos voraces fundamentalistas que no han dudado en quemar vivos y masacrar a sus congéneres "en nombre de Dios", de ese Dios vengativo que muchas veces nos muestra la Biblia. Así pues, he de decir que mis citas de la Biblia no son de la llamada "santa Biblia", sino, perdón por la crudeza, de la "puta Biblia". Y a veces, al contemplar los recurrentes fanatismos, me dan ganas de quemar mi colección, si no fuera porque soy un bibliómano al que le gusta estar rodeado de libros, aunque no todos sean bellas creaciones, pues algunos, como muchos de los que componen la Biblia, han sido y siguen siendo fuente de inspiración para conductas y actitudes que son francamente feas. Vale.

SEXO

SOMOS PECES
La mar de sexo

A pesar de que soy poco aficionado a los villancicos, siempre me ha parecido especialmente esotérico el de *pero mira como beben...* Y como a veces bebo más que los peces en el río, y no precisamente agua, voy a atreverme a hablar sobre ese incesante oleaje que es nuestro deseo sexual, siempre en busca de ser acompasado al rítmico vaivén que muestran en la orilla esas aguas oceánicas de donde provenimos. Pues seguimos siendo, de algún modo, peces en el agua. Aunque también puede ser que el hecho de que mis episodios sexuales no son muy frecuentes, incluso escasos -pues la grúa ya no funciona como antes-, sea el auténtico motivo por el que me he puesto a investigar sobre el sexo. Y no me refiero a la pornografía, hoy tan *a mano* en la red, sino a algunos estudios sobre el tema que me han resultado interesantes y compartibles, y que han inspirado mis aventuradas y osadas reflexiones, pues yo no soy sexólogo ni psiquiatra, sino tan sólo un curioso lector y observador.

Comenzaré con Sándor Ferenczi (1873-1933), médico y psiquiatra húngaro, a quien Freud llamaba "mi hijo", por la estrecha relación que le unía a él. Viene al caso decir que Ferenczi fue, entre otras muchas cosas, un defensor de los homosexuales. Estamos hablando de principios del s. XX, cuando todos consideraban la homosexualidad como un vicio o una perversión, incluido el propio Freud. Tras leer con atención los *Tres ensayos sobre la teoría de la sexualidad* de Freud, Ferenczi se animó a escribir y luego publicar sus propias reflexiones sobre el tema. Me refiero a *Thalassa. Ensayo sobre la teoría de la genitalidad*. El título ya es indicativo, pues "thalassa" es un término griego, θάλασσα, que significa "mar", la mar en que nos vamos a sumergir. En su introducción nos deja claro su planteamiento: "todo fenómeno físico y fisiológico requiere también finalmente una explicación *metafísica* (o psicológica) y todo fenómeno psicológico pide una explicación metap-sicológica (o sea, física)".

Comparto plenamente tal planteamiento sobre el tema. Pero confieso que es harto difícil intentar resumir o entresacar textos de los autores que citaré a continuación, y acompañarlos de mis particulares especu-laciones. Sin duda es una osadía que tan sólo persigue compartir cono-cimiento.

Antes de empezar con Ferenczi, quisiera hacer otra consideración. La teoría sexual de Sigmund Freud (1856-1939), con conceptos tan cuestionables como el "complejo de Edipo" o la "envidia del pene", ha sido criticada y corregida, con razón, mas no podemos olvidar lo que nos dice el propio Ferenczi: "ha correspondido al psicoanálisis la tarea de exhumar los problemas de la sexualidad que enmohecían desde hace siglos en las papeleras de la ciencia".

Desempolvemos tantos *polvos* -en su doble sentido-, y hablemos de sexo, la mar de sexo.

Ferenczi reflexionaba sobre las dos tendencias eróticas opuestas, la anal y la uretral, es decir, la retentiva y la excretora, que están presentes en el coito, lo que él llamaba la *anfimixia*: la fusión de ambos erotismos. Basándose en Freud, así lo expresaba en la parte ontogenética con la que comienza su ensayo:

> Parece existir cierta reciprocidad entre los autoerotismos uretral y anal, antes incluso de la instauración de la primacía genital. El niño tiende a utilizar la evacuación de su vejiga o la retención de sus materias fecales como un medio de procurarse placer.

Me temo que no comparto estos planteamientos psicoanalíticos, por-que, si bien la retención de las heces puede ser que constituya un placer para los niños, defecar es un acto casi siempre placentero, sobre todo cuando uno está estreñido y de repente consigue evacuar. Otra cosa es cuando se tiene diarrea, como a mí me ocurrió una vez precisamente dando clase y tuve que llamar al profesor de guardia. ¡Menudo trance, poco o nada placentero! Y qué decir sobre el sexo anal, pues aunque la expresión "que te den por culo" parece referirse a un acto humillante, agresivo y doloroso, lo cierto es que hay muchos varones y mujeres que sienten gran placer al ser penetrados por ese orificio en principio destinado a lo contrario. En cuanto al pene, es un hecho que el placer se prolonga cuanto más se retarda la eyaculación o incluso sin llegar a ella, como en ciertas prácticas del *tantra yoga*. Por lo tanto, si bien se identifica el orgasmo masculino con la eyaculación, como veremos que hará nuestro autor, no así el placer sexual, que finaliza con la eyaculación, pero que puede prolongarse indefinidamente si la eyaculación deja de ser la única y urgente meta. Estoy hablando como varón, pero creo que las mujeres compartirán conmigo que es mucho más placentero para ambos prolongar el contacto sexual.

Siguiendo con Ferenczi, tal planteamiento tendría su manifestación en el coito:

> La fase final del coito, la eyaculación del esperma, es indiscutiblemente un proceso uretral; no sólo el canal es común con la orina, sino que en ambos casos hay una fuerte presión que provoca la expulsión del líquido. Por el contrario, durante la fricción, parece que sean influencias inhibidoras, probablemente de origen esfinteriano, las que se manifiestan, y su crecimiento excesivo y descontrolado puede ocasionar la ausencia total de eyaculación.

Obviamente Ferenczi no está hablando de ese control voluntario de la eyaculación para prolongar el placer que acabo de nombrar. Se refiere a esa disfunción sexual que consiste en la imposibilidad de eyacular. Ni que decir tiene que estas reflexiones, como las de Freud y otros tantos psicoanalistas -y me temo que como las mías-, son hechas por y para los varones, para los cuales el pene, antes que el cerebro, es el fundamento de su ego.

Más allá de miopías testosterónicas, me interesa sobre todo, para el tema de esta indagación, lo que decía Ferenczi en la parte filogenética de su ensayo:

Podría ocurrir que, además del parecido puramente exterior entre las situaciones de el pene en la vagina, del niño en el vientre materno y del pez en el agua, este simbolismo expresara también una parte de conocimiento filogenético inconsciente debido a que descendemos de vertebrados acuáticos.

Volveremos sobre este curioso simbolismo, pues no es casual que el líquido amniótico en el que literalmente flotamos cuando estamos en el vientre materno tenga una composición muy parecida a la del agua marina, y que la proporción y composición del agua en nuestro cuerpo cuando nacemos sea similar a la de las aguas marinas en el planeta: cerca de un 70%. Luego nos vamos secando, y algunos estamos tan secos, como yo y mi tocayo San Pedro de Alcántara, que parece que nuestras carnes fueran cecina.

Vayamos ahora con el médico y psiquiatra austriaco Wilhelm Reich (1897-1957), quien, aunque reticente en principio, se arrimó al psicoanálisis, debido a su admiración por Freud, pero pronto se distanció de tales doctrinas criticándolas y formulando su propia teoría, que llevaba consigo una sorprendente práctica. En la recopilación de ensayos titulada *La función del orgasmo*, Reich arremete contra los psicoanalistas pues, según él, "hacían de la sexualidad algo fantástico y extraño; no parecía existir una sexualidad natural". Es decir, que sólo hablaban de las anomalías llamadas "perversiones" sin atender al curso natural de la sexualidad. Su lectura del libro *La vida sexual de los salvajes del noroeste de la Melanesia* (1929) de Bronislaw Malinowski, acabó de convencerle de que lo que defendían Freud y sus seguidores era una amalgama de prejuicios eurocéntricos. En efecto, Malinowski descubrió que el conflicto niño-padre apodado por Freud "complejo de Edipo" no era de naturaleza biológica sino sociológica, es decir, fruto de la educación que le brinde la peculiar sociedad en la que crezca. Aunque el ensayo de Malinowski tiene mucha más enjundia, amén de aportar documentación, incluso fotográfica, de gran valor antropológico, me voy a atener al resumen que Reich hacía del mismo (VI, 2):

Los niños de las Trobriands no conocen represión sexual alguna y no existen para ellos secretos sexuales. Su vida sexual se desarrolla naturalmente, libremente y sin obstáculos *a través de cada etapa de su vida, con plena satisfacción*. Los niños realizan con libertad las actividades sexuales correspondientes a sus edades. A pesar de lo cual, o mejor dicho, justamente por esa razón, la sociedad trobriandesa no conocía, en la tercera década de nuestro siglo [XIX], ni perversiones sexuales ni psicosis funcionales, ni psiconeurosis, ni crímenes sexuales; no tienen ninguna palabra para designar el robo; la homosexualidad y la masturbación sólo significan para ellos formas artificiales y no naturales de gratificación sexual (…) Los niños trobriandeses desconocen el estricto y obsesivo entrenamiento para el control excrementicio (…) Los trobriandeses son *espontáneamente* limpios, ordenados, sociales sin compulsión, inteligentes e industriosos. La forma socialmente aceptada de vida sexual es la monogamia espontánea sin compulsión, una relación que puede disolverse sin dificultades; en consecuencia, no hay promiscuidad.

En el prólogo de Gregorio Marañón para la edición en castellano del ensayo de Malinowski, que él mismo encargó en 1932, decía:

Es indudable que la vida sexual de estos felicísimos habitantes de las islas Trobriand se halla tan distante de la nuestra como la sexualidad de un hombre maduro de las ciudades civilizadas -y degeneradas- de Europa o América se encuentra lejos, remotamente lejos, de la sexualidad de un niño en los albores de la pubertad.

¡Cómo añora uno esos frondosos bosques donde se aventuraban los sabios del siglo XIX y principios del XX para intentar encontrar los claros o, cuando menos, para mostrarnos los senderos y vericuetos que iban descubriendo guiados por la luz de su imaginación y el eco de las palabras de otros sabios! Pues pienso que hoy las palabras e indagaciones parece que discurran por autovías enfajadas en señales, consensuadas por "la ciencia", que no sólo ignoran los senderos y vericuetos sino que incluso los prohíben o, cuando menos, los desprecian.

Para terminar con Wilhelm Reich, me limitaré a un breve esbozo de la práctica que diseñó para medir y regular la energía sexual. La formulación básica de Reich es que *la energía sexual puede ser fijada por tensiones musculares crónicas*, y que *lo mismo cabe decir de la ira y la angustia* (VII, 4). A esas tres manifestaciones somáticas las reunió en un solo concepto: "corrientes vegetativas". Tras exponer sus ideas a los expertos del Instituto Fisiológico de Oslo, construyeron en 1935 un aparato que podía medir las cargas eléctricas del cuerpo en relación con las emociones. A partir de ese aparato, Reich fabricó su "acumulador de orgones". Surgía así la *orgonterapia*, que pretendía medir y reconducir las oscilaciones de tensión-relajación en los pacientes con problemas sexuales. El término proviene de *orgón*, la energía radiante que hay en los *biones*, que representan la etapa de transición entre la materia orgánica y la inorgánica. Por increíble que parezca, actualmente hay seguidores de Reich que siguen utilizando su máquina de "acumulador de orgones". Yo tuve un compañero que acudía a dichos tratamientos en Valencia, pero no sabría decir si mejoraron o empeoraron sus disfunciones sexuales.

Volviendo a la observación que hacía Sándor Ferenczi en su ensayo *Thalassa* sobre el paralelismo simbólico entres las situaciones del pene en la vagina, del niño en el vientre materno y del pez en el agua, tendríamos que añadir, como lo hace el autor al final de su ensayo, la relación del coito con el sueño. Siguiendo en este caso a lo dicho por Freud, a saber, que el hombre en realidad no nace nunca completamente, ya que pasa la mitad de su vida en el seno materno cuando se entrega al reposo nocturno, Ferenczi concluye que esa regresión al vientre materno es esencial para explicar la teoría de la genitalidad más allá de lo psicológico, pues representa el proceso de evolución biológica. Somos peces en el agua o, cuando menos, que añoran el agua. Por ello, tanto en el coito como en el sueño nos sumergimos en esa mar primordial, *thalassa*, de donde provenimos y a la que volvemos recurrentemente: la mar intrauterina del vientre materno de la que un día salimos y en la que supuestamente entramos cada noche por ese orificio que los argentinos, precisamente con un simbolismo marino, denominan "la concha de tu madre".

Ya sé que el tema del sexo da mucho más de sí, pues faltaría hablar, por ejemplo, de la masturbación y de la homosexualidad, y de tantos otros comportamientos sexuales que ha desarrollado la imaginativa, y a veces retorcida, naturaleza humana. Tal vez en otra ocasión abordemos esos temas. Pero no puedo resistirme ahora a citar la atinada opinión del antropólogo norteamericano Marvin Harris en su libro *Nuestra especie* de 1989, que desgraciadamente está de plena actualidad entre los fieles a un credo u opción política, o simplemente a una opinión poco o nada comprensiva:

> Las estimaciones más recientes sitúan en un 20,3 por ciento el porcentaje de varones adultos norteamericanos que han tenido contactos sexuales con otros varones que culminaron en orgasmo. Dadas las múltiples maneras utilizadas por los humanos para desligar el placer sexual de la reproducción no deseada, la amplia difusión del comportamiento homosexual no debería sorprendernos. Más sorprendente es el gran número de personas que se masturban o masturban a su pareja, toman píldoras para el control de la natalidad, utilizan condones o pomadas espermicidas, practican diversas formas gimnásticas de heterosexualidad no coital, pero condenan y ridiculizan el comportamiento homosexual, aduciendo que es «antinatural».

Sólo añadir unos apuntes sobre el simbolismo del pez que quizás desarrolle en otro ensayo. Entre los taoístas el símbolo cósmico por excelencia es el *taijitu*, 太極圖, que representa la compenetración de las dos fuerzas fundamentales de la existencia, el *Yin* y el *Yang*, 阴阳:

Entre otras muchas correspondencias, este símbolo representa a dos peces que se persiguen mutuamente, como lo supo plasmar el artista español José Arija, que fue grabador en la Casa de la Moneda, en el dibujo que hizo en 1904 sobre el signo astrológico de *Piscis*:

Un último apunte. La relación de Cristo con el pez entre los cristianos es mucho más antigua que el símbolo de la cruz, pues ya se encuentra en las catacumbas romanas y en muchas estelas funerarias. En griego "pez" es ΙΧΘΥΣ, que pasó a ser un acróstico de Cristo: Ἰησοῦς Χριστὸς Θεοῦ Υἱὸς Σωτήρ, "Jesucristo, Hijo de Dios, Salvador". Por no decir que sus primeros discípulos fueron pescadores, que multiplicó los panes y los peces, y que los bautismos se solían hacer en piscinas, que entonces no eran sitios para nadar, sino estanques con peces. La relación de Cristo con los peces fue un detalle que no se le escapó al heterodoxo Leonardo Da Vinci cuando en su cuadro del *Cenacolo*, la Última Cena, puso en la mesa peces, en lugar del cordero pascual. Ni tampoco lo ignoraba Johannes Kepler cuando emprendió la tarea de hacer el mapa natal, la carta astral, de Cristo, llegando a la conclusión de que había nacido bajo el signo de *Piscis*. Siguiendo su estela, en el siglo XX Carl Gustav Jung fue más lejos y defendió que Cristo no solo había nacido bajo ese signo, sino que inauguraba una nueva era astrológica -fenómeno que se produce aproximadamente cada 2000 años, debido a la precesión de los equinoccios-: la era de *Piscis*, que, por cierto, no ha mucho que ha concluido para dejar paso a la era de *Acuario*, como reza la canción del musical *Jesucristo Superstar*.

"Pero mira cómo beben los peces en el río, pero mira cómo beben por ver a Dios nació".

DESIGUALES

Hoy proliferan los planes de igualdad, que se proponen y desarrollan con cansina insistencia en los centros de enseñanza. Pero un servidor estima que lo primero que habría que aclarar es que tan solo somos -o deberíamos ser- iguales en el aspecto jurídico, a saber: todas y todos iguales ante la ley. La *isonomía* de la que hablaban los antiguos atenienses... aunque ellos sólo la aplicasen a los varones adultos, excluyendo a los esclavos, a los *metecos* o extranjeros, y, cómo no, a las mujeres.

En todo lo demás, que no es poco, somos afortunada y/o desventuradamente desiguales, no solo hombres y mujeres, sino todos y cada uno de los humanos, aunque haya muchos interesados en convertirnos en rebaños, todos iguales y con las mismas opiniones o necesidades consumistas que, paulatinamente, nos van inculcando y soltando como cebo. Así se lo contaba a mis alumnos/as de Psicología cuando abordábamos el tema de la sexualidad. Varones y mujeres somos notoriamente diferentes en nuestro convivir con esa energía que Freud denominó la *libido*, término latino que significa "deseo", "querencia", y se pronuncia como palabra llana, y no esdrújula, como insistentemente se escucha hasta en foros académicos. Desiguales no solo psicológicamente, sino también a nivel fisiológico-anatómico. Como les decía a mis chicas y a mis chicos, no puede ser lo mismo tener los genitales hacia adentro y abrigados, como ellas, que tenerlos colgando cual badajo, y cogerse "el miembro" varias veces al día para orinar, como ellos. Por eso, aunque estemos obsesionados por la igualdad, creo que siguen siendo reveladores los estudios de Kinsey, primero, y de Masters y Johnson, después, que nos decían que estadísticamente la masturbación es menos frecuentada por ellas que por ellos. Los varones, como he dicho, lo tenemos a mano, y con esa mano lo tenemos que coger a diario varias veces para orinar… o lo que sea menester. Claro que ellas tampoco lo tienen tan a desmano, pero no necesitan ni pueden cogérselo -pues no hay nada que coger- diariamente al orinar. ¿Cómo va a ser igual?

Después habría que hablar de la testosterona, hormona no exclusiva, pero si preponderantemente masculina, que en los varones conlleva la musculación, la crecida del vello corporal, la voz que se hace más grave y, aunque haya estudios que lo cuestionan, un incremento de su agresividad. Como diría uno de esos machos ibéricos que se resisten a extinguirse, se trata de la hormona que les hace sentir que tienen "dos cojones". Para bien o, demasiadas veces, para mal. Y acaso a los que así siguen pensando con sus testículos, habría que caparlos, como a las mascotas, para que estuviesen un poco más mansos, y dejasen de maltratar a esos divinos -o demoníacos- seres que son las mujeres.

Si ahora abundamos en la simbología onírica y mitológica que se refiere al encuentro sexual entre humanos/as, aunque hayamos variado mucho las conductas, pues somos animales culturales, en principio bien parece que se asemeja a una agresión, como así lo sigue siendo en el mundo animal: introducir el miembro erecto -la espada- en esa herida abierta -el cáliz- en cuyo interior luego va a fraguarse -o no- una nueva vida. Asunto que, como se ve, no tiene nada que ver con la expresión francesa "faire l'amour", aunque luego los humanos, afortunadamente, hayamos barnizado ese acto crudo y agresivo con caricias, besos, abrazos y variaciones *ad infinitum*.

No sé, ni me importa, lo que opinarían sobre estas mis elucubraciones los que militan en la secta del LGTBIQ+. Lo del + es para seguir incluyendo otras preferencias sexuales. A mí se me ocurre, por ejemplo, incluir la F de fetichistas, la O y la C de onanistas compulsivos y la Z de zoofílicos, pues sufren en silencio de incomprensión. No como otros que, en mi paleolítica opinión, parecen creer que su identidad tiene que ver con sus opciones sexuales, y nos lo muestran insistentemente, y con celebrado y apabullante orgullo. Yo no estoy orgulloso, ni lo voy pregonando, de cuántas veces follo o me masturbo, ni pensando en quién o en qué, ni si me gusta más él, ella o ello. Perdón por mi franqueza beligerante, pero tan solo aconsejo un poco de intimidad, pues si algo tienen en común nuestros genitales, es que casi siempre los llevamos guardados y ocultos. Y pienso que así también debería de ser con las preferencias sexuales. Si no debemos avergonzarnos de nuestros deseos, creo que tampoco deberíamos exhibirlos y estar orgullosos de ellos. Lo que cada cual, cada cuala o cada cuale haga o deje de hacer con sus apetitos de carnales deleites, creo que es cosa suya, privada y, por supuesto, desigual.

EL "MISIONERO"

La llamada "postura del misionero", a la hora de practicar la coyunda entre un hombre y una mujer, aunque a los aficionados a las variadas contorsiones y acrobacias que muestran manuales como el *Kama sutra* les parezca muy sosa y excesivamente pasiva para la mujer, no deja de ser un avance en la humanización de algo, en principio, tan animal, como es el apareamiento.

Tal postura conlleva mirarse a la cara, y la posibilidad de besarse, acariciarse y abrazarse. Conductas sexuales exclusivas de los humanos, pues los demás animales, aunque tengan sus cortejos, a veces muy sofisticados, sólo atienden a la llamada de las feromonas en las épocas de celo. Nosotros, aunque sigamos siendo animales -sobre todo a ese respecto-, carecemos de épocas de celo, y nuestro apetito sexual es permanente... e insaciable. Por ejemplo, los perros ni acarician, ni abrazan a las perras, pues, como cuadrúpedos, no pueden. Lo más "cariñoso" que hacen es lamerles las orejas, el hocico y la vulva, para luego penetrarlas por detrás. Y, tras su desahogo, se van, y si te he visto no me acuerdo. Es un decir, pues los perros y perras sí que se acuerdan de todas aquellas personas, animales o cosas con las que han estado en contacto. Muchas veces son precisamente los humanos quienes huyen del lecho tras el coito para evitar cualquier posible compromiso...

Sin embargo, el origen de tal denominación es, a mi entender, cuando menos sorprendente. Al parecer fueron los misioneros en América quienes, observando las "animales" prácticas sexuales de los indígenas, les obligaron a adoptar esa postura. Hay que joderse, con perdón de la expresión, que fuesen los infóllidos misioneros -aunque algunos seguro que cataron sexualmente los cuerpos de los/las indígenas- quienes estableciesen la postura reglamentaria para el fornicio. Eso sí, tan sólo permitida si está destinada a la procreación.

Ni que decir tiene que el resto de conductas sexuales de los humanos, de una riqueza creativa extraordinaria -como la que también se puede constatar en los variadísimos procedimientos para cocinar los alimentos, elaborar el vino u otras bebidas fermentadas, o vestirse y adornarse las distintas partes del cuerpo- fueron demonizadas y calificadas como *lujuria*. Así la definía el padre Astete, en su célebre y rancio catecismo -ese que tuvieron que sufrir y acatar los cristianos españoles en la época franquista-: "apetito desordenado de sucios y carnales deleites". Si embargo a la *gula* se le hizo la vista gorda, nunca mejor dicho, y muchos clérigos, tanto de antaño como de hogaño, no han tenido inconveniente en atiborrarse de viandas y buenos caldos. Práctica que bien podría caber en la definición del padre Astete, ya que son "apetitos", de no pocas veces "sucios" -no hay más que ver cómo se quedan servilletas y manteles después de una comilona- y "carnales deleites", pues no estamos hablando de comer, cristianamente, tan sólo pan, pescado, aceitunas y vino, como probablemente hacían Jesús y sus primeros seguidores, sino de ponerse, con perdón, hasta el ojete.

El comediógrafo Publio Terencio Africano, en una frase célebre, que mentaría Unamuno al comienzo de su obra *Del sentimiento trágico de la vida*, decía: *homo sum, humani nihil a me alienum puto*, "soy un hombre, nada de lo humano me resulta ajeno". Lo mismo digo: que tanto en las prácticas del fornicio, como en las de la comida, la bebida, la vestimenta, y tantas otras manifestaciones creativas e idiosincrásicas de los humanos, nada me resulta ajeno, aunque a veces me resulte extravagante. Y no me importa cómo, cuándo, dónde y con quién o con qué desahogues tus apetitos sexuales, ni cómo, cuánto y qué comas o bebas, ni cómo aliñes, torpe o elegantemente, tu indumentario. Pues *homo sum*. Como tú.

ENTRE MONOS Y CERDOS

Los que somos *porcófilos* decimos que del cerdo nos gustan hasta los andares. En cuanto a los *porcófobos,* como musulmanes, judíos y veganos, hay un refrán que dice: "más conversos hizo el jamón que la Santa Inquisición". ¿Quién se resiste a unas lonchas de jamón ibérico?

El cerdo, cochino, gocho, guarro, marrano o puerco, aunque haya sido nombrado con tales referentes a la suciedad, es un animal mucho más limpio de lo que pueda parecer, pues cuando se revuelca en el barro no sólo se refresca sino que también se desparasita. Vamos, que se asea sin gel, champú, desodorante y cremas hidratantes, como hacemos nosotros, contaminando así las aguas y el medio ambiente.

El caso es que el cerdo se asemeja más al humano de lo que parece. Es más, «existen más similitudes entre los cerdos y los humanos que entre las ratas y los ratones», como afirma Alan Archibald[1], genetista de la Universidad de Edimburgo (Escocia) y uno de los autores del estudio que publica la revista *Nature*, en el que presentan la secuenciación del genoma del cerdo. De hecho, durante siglos los estudiantes de anatomía diseccionaban cerdos, pues estaba prohibido hacerlo con cadáveres humanos. El protagonista de la novela *El Médico* de Noah Gordon, en su primera clase de anatomía utiliza un cerdo diseccionado para estudiar el funcionamiento del cuerpo humano. La historia transcurre en el siglo XI, cuando utilizar un cadáver en la investigación era impensable. Lo hacían porque la disposición de los órganos del cerdo es tal que la nuestra, aunque, en general, son algo más grandes. Además, cuando se ha intentado buscar una fuente alternativa de sangre para las transfusiones,

---

[1] https://www.research.ed.ac.uk/en/persons/alan-archibald, consultado el 15 de julio de 2025.

se ha conseguido con la del cerdo, pues la del mono, aunque muy parecido y pariente genético nuestro, resultó ser más incompatible.

La razón más obvia de que los humanos provienen del mono es porque a nivel genético somos muy similares a los chimpancés, más cercanos que a cualquier otro animal. Sin embargo, otro genetista y matemático, Eugene M. McCarthy, en su libro *La hipótesis híbrida: una nueva teoría de los orígenes humanos*[2], propone en su investigación que los humanos somos en realidad descendientes remotos de híbridos retrocruzados. Lo que significa que somos el resultado de múltiples generaciones de retrocruzamiento con el chimpancé. Según McCarthy los humanos en realidad somos híbridos, y el chimpancé sólo es uno de nuestros dos padres. Si esto es así, entonces una lista de rasgos que distinga a los seres humanos de los chimpancés debería describir al otro padre involucrado en el cruce. Al aplicar este tipo de metodología, el matemático y genetista logró reducir las opciones a un candidato en particular: el cerdo. Fueron los cerdos quienes se cruzaron con los simios, y viceversa, para producir la especie humana.

¿Mono con cerda? ¿cerdo con mona? No me quiero ni imaginar la escena de la cópula y cruce entre ambas especies, pues, según lo dicho, son nuestros padres, y ya se sabe lo que decía Freud de presenciar y contemplar la que él llamaba "escena primaria". Si tiene razón McCarthy, entre monos y cerdos parece haberse cocinado nuestra especie. Otra cosa es aplicarse jocosamente a *hacer el mono*, o preocuparse sólo de *estar muy mono*; o bien abandonarse y *estar hecho un cerdo*, en el inmundo sentido de la palabra. Pero ese asunto, más que genético, viene a ser etológico.

[2] http://www.macroevolution.net/hybrid-hypothesis-contents.html, consultado el 15 de julio de 2025.

AMOR PLATÓNICO[3]

Me gustaría invitarte, desocupado lector, a ese célebre *Banquete* que plasmó en forma de diálogo el maestro Platón.

Lo primero que hay que aclarar es que lo que traducimos como *Banquete*, en el griego original es Συμπόσιον, *Sympósion*, que significa "beber juntos". Por tanto, su traducción más fiel al castellano vendría a ser *Combebercio*[4]. Es decir, que no hace referencia a una comida-cena compartida, en casa de Agatón, sino más bien a la sobremesa donde, abrevando buenos caldos, surge la conversación de los siete contertulios sobre un tema tan entrañable como es *el amor*. Por orden de intervención los *conviñeros*[5] y contertulios son Erixímaco, Fedro, Pausanias, Aristófanes, Agatón, Sócrates y, al final, Alcibíades, que se presenta borracho a la conversación.

Antes de comenzar la tertulia, dice Pausanias:

> Bien, señores, ¿de qué manera beberemos con mayor comodidad? En lo que a mí se refiere, os puedo decir que me encuentro francamente muy mal por la bebida de ayer y necesito un respiro.[6]

A lo cual le responde Aristófanes:

---

[3] Este ensayo es una adaptación del capítulo 7 de mi libro *Redondeces* (2024), Ápeiron, Madrid, y de una charla-coloquio que impartí en el café cultural Macondo (Puertollano) en enero de 2025.

[4] Neologismo que ya he utilizado en otra publicación; véase Fernández Álvarez, Pedro (2015): "Tan asombroso como ridículo". Ápeiron. Estudios de Filosofía, n.º 2, dedicado a *Filosofía y humor*, Madrid.

[5] Otro neologismo que he incluido en mi vocabulario.

[6] Platón *Diálogos I*. (2010), VV. AA. Gredos-RBA, Madrid., p. 701.

Ésa es una buena idea, Pausanias, la de asegurarnos por todos los medios un cierto placer para nuestra bebida, ya que también yo soy de los que ayer estuvieron hechos una sopa.[7]

Tras una intervención de Erixímaco y de Fedro, nos cuenta Platón:

Al oír esto, todos estuvieron de acuerdo en celebrar la reunión presente, no para embriagarse, sino simplemente bebiendo al gusto de cada uno.[8]

Combebercio, pues. Un proverbio latino, atribuido a Plinio el Viejo, dice: *in vino veritas, in aqua sanitas*, "en el vino está la verdad, en el agua la salud". Al parecer se hace eco de la expresión griega ἐν οἴνῳ ἀλήθεια, "en el vino está la verdad", atribuida a Alceo de Mitilene, y que figuraba como subtítulo en nuestro diálogo, el *Banquete* o *Combebercio* de Platón. Siglos más tarde, en 1845, el filósofo danés Søren Kierkegaard publicaba un libro titulado precisamente *In vino veritas*, en el cual cinco personajes, bebiendo vino, exponen sus discursos acerca del amor. Como en el *Banquete* de Platón.

Como se ve por las citas introductorias, y se verá en lo que viene a continuación, se trata quizás del diálogo más divertido y transgresor que nos ha legado Platón. Cuando le toca el turno a Aristófanes, comediógrafo muy dado a la guasa y el sarcasmo, en estecaso discurre con mucha seriedad acerca de los orígenes del ser humano. Discurso que hoy, con las más que ambiguas consideraciones sobre la diversidad de géneros, podría servir como argumento para algunos/as/es:

En primer lugar, tres eran los sexos de las personas, no dos, como ahora, masculino y femenino, sino que había, además, un tercero que participaba de estos dos, cuyo nombre sobrevive todavía, aunque él mismo ha desaparecido. El andrógino, en efecto, era entonces una cosa sola en cuanto a forma y nombre, que participaba de uno y de otro, de lo masculino y de lo femenino, pero que ahora no es sino un nombre que yace en la ignominia.[9]

---

[7] Ibíd., pp. 701-702.
[8] Ibíd., p. 702.
[9] Ibíd., pp. 720-721.

Más curioso todavía es lo que Aristófanes dice a continuación:

> En segundo lugar, **la forma de cada persona era totalmente redonda**, con la espalda y los costados en forma de círculo. Tenía cuatro manos, el mismo número de pies que de manos y dos rostros perfectamente iguales sobre un cuello circular. Y sobre estos dos rostros, situados en direcciones opuestas, una sola cabeza, y además cuatro orejas, dos órganos sexuales, y todo lo demás como pueda imaginarse a tenor de lo dicho.[10]

El remarcado en negrita es mío. Después añade este comentario sorprendente:

> Eran tres los sexos y de estas características, porque lo masculino era originariamente descendiente del sol, lo femenino, de la tierra, y lo que participaba de ambos, de la luna, pues también la luna participa de uno y de otro.[11]

La concepción de un ser andrógino primigenio es una imagen muy común en una gran variedad de tradiciones culturales. No voy a entretenerme en la recopilación de testimonios sobre esa imagen, pues este ensayo se prolongaría bastante más de lo recomendable. Como botón de muestra, sólo citaré algunos ejemplos que me resultan especialmente atractivos.

En la tradición hindú existe un dios andrógino cuya figura ha sido de las más representadas en la pintura y la escultura indias hasta nuestros días. Estoy hablando de *Ardhanarishvara* (en sánscrito अर्धनारीश्वर), el "Señor medio mujer" (de *ardha*: "medio", *nari*: "hembra" e *ishvara*: "señor"). Se trata de la unión de *Shiva* con su *Shakti*, su mitad femenina, y es una forma de representar juntos los dos aspectos, masculino y femenino, del dios.

La imagen del andrógino fue repetidamente utilizada en la alquimia. De ello puede dar fe este escribidor quien dedicó su tesina precisamente

---

[10] Ibíd., p. 721.
[11] Ibíd.

a este tema[12]. Por citar un par de ejemplos, podemos acudir al *Rosarium Philosophorum, Rosario de los filósofos,* un tratado de alquimia cuya primera edición es de 1550, y está plagado de imágenes, entre las cuales figuran varias sobre el andrógino[13]. O el *Viridarium chymicum, Vergel químico,* de Daniel Stolcius, publicado en 1624, que es un compendio de alquimia en el que se cita a muchos autores. La figura XCVIII de ese tratado, donde aparece un andrógino montado sobre un dragón, se acompaña del siguiente y enigmático texto, cuyo sentido sólo han podido desentrañar mentes tan avezadas en el tema como la de Carl Gustav Jung[14]:

> Mortal dragón, exhalo el veneno de mi cuerpo.
> Sea verde o bien rojo, el león siempre me ama.
> Muchos me llaman el huevo dado por la naturaleza.
> Si no me retienes con un buen lazo, yo vuelo.
> Mi forma y mi color son los que tú quieras. Soy macho y hembra.
> Restauro tan bien al hombre como a los metales.[15]

Volvamos a Aristófanes. Nos sigue contando que esos humanos primigenios, como eran circulares y tenían mucha fuerza, vigor y orgullo, conspiraron contra los dioses, e intentaron subir al cielo para atacarles. Ante tal agresión, los dioses deliberaron sobre qué castigo había que darles, sin exterminarlos, pues entonces ya no tendrían quien les hiciese los honores y sacrificios. Es decir, que se quedarían sin ruegos ni ofrendas. Por fin Zeus dio con la solución:

> Me parece que tengo el medio de cómo podrían seguir existiendo los hombres y, a la vez, cesar de su desenfreno haciéndolos más débiles. Ahora mismo -dijo- los cortaré en dos mitades a cada uno y de esta

---

[12] Fernández Álvarez, Pedro (1984): *Androginia y arquetipos de uni-totalidad en la tradición hermético-alquímica.* Inédito, Salamanca.

[13] Anónimo (1986):*El rosario de los filósofos.* Muñoz Moya y Montraveta editores, S.A., Barcelona.

[14] Jung (1989): *Psicología y alquimia.* Santiago Rueda Editor, Buenos Aires.

[15] Stolcius, Daniel (1986): *Viridarium chymicum.* Muñoz Moya y Montraveta editores, S.A., Barcelona; pp. 230-231.

forma serán a la vez más débiles y más útiles para nosotros por ser más numerosos.[16]

En relación con esta drástica estratagema de Zeus, la teoría sobre el amor que expone Aristófanes en el *Combebercio*, como puede comprobarse, viene a ser la que popularmente se conoce como "encontrar la media naranja", la que restaure nuestra redondez originaria:

> Desde hace tanto tiempo, pues, es el amor de los unos a los otros innato en los hombres y restaurador dela antigua naturaleza, que intenta hacer uno de dos y sanar la naturaleza humana.[17]

A continuación el discurso de Aristófanes prosigue con unos comentarios que podrían dejar atónitos a los miembros o simpatizantes del colectivo LGTBIQ+, y que vienen a ser una justificaciónde las diferentes opciones sexuales, pero para concluir con una apología de la homosexualidad masculina:

> En consecuencia, cuantos hombres son sección de aquel ser de sexo común que entonces se llamaba andrógino son aficionados a las mujeres, y pertenece también a este género la mayoría de los adúlteros; y proceden también de él cuantas mujeres, a su vez, son aficionadas a los hombres y adúlteras. Pero cuantas mujeres son sección de mujer, no prestan mucha atención a los hombres, sino que están más inclinadas a las mujeres, y de este género proceden también las lesbianas. Cuantos, por el contrario, son sección de varón, persiguen a los varones y mientras son jóvenes, al ser rodajas de varón (ἄτε τεμάχια ὄντα τοῦ ἄρρενος), aman a los hombres y se alegran de acostarse y abrazarse; éstos son los mejores de entre los jóvenes y adolescentes, ya que son los más viriles por naturaleza.[18]

"Al ser rodajas de varón". Curiosa forma de referirse a los hombres con tendencias homosexuales, a esos a los que hoy, con una simpleza no exenta de ambigüedad, denominamos *gays*, término que, por más que parezca y se pronuncie como si fuese inglés, existe, aunque en desuso,

---

[16] Platón (2010), pp. 721-722.
[17] Ibíd., p. 723.
[18] Ibíd.

en nuestra lengua castellana, importado del occitano, y proveniente del latín *gaudeo*, "gozar, alegrarse". En castellano *gayo* en masculino -cuyo apócope es *gay*- y en femenino *gaya*, significa "alegre". Una obra de Nietzsche, *Die fröhliche Wissenschaft*, suele traducirse como *La gaya ciencia*, o *El gay saber*. También Antonio Machado, en su *Poema de un día*, escrito en Baeza, utilizaba la misma expresión:

> Heme aquí ya, profesor
> de lenguas vivas (ayer
> maestro de gay-saber,
> aprendiz de ruiseñor),
> en un pueblo húmedo y frío,
> destartalado y sombrío,
> entre andaluz y manchego.

Obviamente, Nietzsche no se estaba refiriendo a la ciencia o saber de los homosexuales, sino a *El alegre saber*, ese que compense la seriedad y pesadumbre que suele caracterizar a las reflexiones filosóficas. Y, sin duda, Machado se refería a lo mismo cuando se dice "maestro del gay-saber".

Retomemos el discurso de Aristófanes. Para que quede claro el sentido de sus palabras dice:

> Algunos dicen que son unos desvergonzados, pero se equivocan. Pues no hacen esto por desvergüenza, sino por audacia, hombría y masculinidad (ἀνδρειότατοι), abrazando lo que es similar a ellos. Y una gran prueba de esto es que, llegados al término de su formación, los de tal naturaleza son los únicos que resultan valientes en los asuntos políticos. Y cuando son ya unos hombres, aman a los mancebos y no prestan atención por inclinación natural a los casamientos ni a la procreación de hijos, sino que son obligados por la ley, pues les basta vivir solteros todo el tiempo en mutua compañía.[19]

Advirtiéndole a Erixímaco de que no le interrumpa, y se burle de su discurso alegando que essimilar al de Pausanias, quien defendía la pederastia -no lo voy a traer aquí, pero invito al lector curioso a entrete-

---

[19] Platón (2010), pp. 723-724.

nerse en consultar sus argumentos (*Banquete* 180c-184c)-, Aristófanes concluye:

> Yo me estoy refiriendo a todos, hombres y mujeres, cuando digo que nuestra raza sólo podría llegar a ser plenamente feliz si lleváramos el amor a su culminación y cada uno encontrara el amado que le pertenece retornando a su antigua naturaleza.[20]

Da la impresión de que Platón, amante de mancebos -como Sócrates-, que permaneció soltero y sin hijos, pone en boca de Aristófanes -y de Pausanias- las que bien parece que pudieran ser sus preferencias amatorias o sexuales.

Por ello tengo que decir que cuando se habla del "amor platónico"se suele confundir con el "amor cortés", el que cantaban los trovadores en el siglo XII: el amor ideale imposible entre caballeros y damas inaccesibles. O el que tan bella y poéticamente describe el *Roman de la Rose*[21]. Lo siento, pero poco tiene que ver. Platón, si acaso, hablaba del amor a la belleza de los mancebos para, trascendiéndola, acceder a la Belleza en sí misma, como idea reina en esa otra esfera que es el *Mundo de las Ideas*, nuestra mente -¿o la mente de Dios?-, donde también residen las formas geométricas perfectas.

[20] Ibíd., p. 725.
[21] De Lorris, Guillaume / De Meun, Jean (1992): *Le Roman de la Rose*. Librairie Général Française, Paris.

TETAS

Somos mamíferos, y como tales, tanto varones como mujeres, tenemos mamas. No acabo de entender por qué y para qué las tenemos los varones, puesto que en ningún caso van a servir para amamantar a un bebé. Tal vez sea porque al principio del desarrollo embrionario todos comenzamos siendo mujeres, ya que nos fraguamos en el vientre de una madre. Justo lo contrario de lo que cuenta el relato bíblico, a saber, que la mujer proviene de la costilla del varón, pues más bien es el varón el que proviene del vientre de una mujer.

Aunque algunos varones, adictos a las pesas y demás contorsiones y artilugios gimnásticos, exhiban unos pectorales prominentes, lo realmente llamativo e insólito de nuestra especie son los pechos de las mujeres: las tetas. Al respecto reflexionaba Marvin Harris en su libro precisamente titulado *Nuestra especie* en un capítulo en el que se pregunta "¿por qué tienen las mujeres los pechos permanentemente hinchados?". Leamos lo que nos dice:

> En las hembras de las especies primates subhumanas, incluidos los grandes simios, los pechos aumentan de tamaño únicamente durante la lactancia. En las hembras humanas el pecho se desarrolla en la pubertad, adoptando a menudo formas pendulares, y permanece así con independencia de que se produzca o no la lactancia. El tamaño determina fundamentalmente la presencia de tejidos grasos que no tienen nada que ver con las glándulas que segregan la leche y que no guardan relación alguna con la cantidad de leche que una mujer puede producir durante la lactancia.

He aquí el problema, pues muchas mujeres, como las solteras infóllidas y las monjas que cumplen con su voto de castidad, tienen unas tetas más o menos voluminosas que nunca estarán destinadas a amamantar, ni a servir de reclamo sexual.

Desmond Morris, en su obra *El mono desnudo*, se aventuró a decir que formaban parte del cambio en las señales sexuales que se produjo cuando pasaron de ser relaciones traseras, como en el resto de los mamíferos, a delanteras, frente a frente. Interesante observación que, sin embargo, no comparte Marvin Harris. Su reflexión es la siguiente:

> Desde una perspectiva europea y africana, el varón norteamericano padece aparentemente una obsesión patológica con este aspecto de la anatomía femenina. Refiriéndose a los isleños ulithis de la Micronesia, William Lessa observa que los senos femeninos desnudos no son excitantes al decir de los varones y que éstos se extrañan de que los extranjeros armen tanto alboroto a cuenta de ellos.

Yo añadiría al texto de Marvin Harris que los europeos, invadidos por los usos y costumbres de los norteamericanos, también parece que estemos obsesionados con las tetas. Y no sólo los varones, sino que muchas mujeres se operan para tenerlas más grandes.

¿Cuál puede ser, entonces, la explicación de esta anomalía? Sigamos leyendo a Harris:

> La razón de que el busto rebosante adquiriera la facultad de excitar a los machos humanos se debe a que existe una relación entre éste y el éxito reproductor. Los machos atraídos por los pechos grandes tenían más descendientes que los que no se sentían atraídos por ellos. Y las hembras que los poseían tenían proles más numerosas que las otras (...) Las mujeres de grandes pechos suelen tener amplias reservas de grasa no sólo en el busto, sino también en el resto del cuerpo, grasa que puede transformarse en calorías si el consumo dietético no logra satisfacer las necesidades extraordinarias del embarazo y la lactancia.

Buena argumentación, pero que aunque Harris intente rebatir la hipótesis de Morris, y se refiriera a que el atractivo sexual de los pechos grandes es cosa de estadounidenses obsesos -tal vez habría que decir *obsexos*-, lo cierto es que a muchos varones nos excitan las tetas grandes, y, si tenemos ocasión, aplicarnos a tocarlas e intentar succionar sus pezones, tal vez como añoranza del placentero calor, la ternura y el sabor de los pechos maternos. Pues somos *mamíferos*.

NARICES

El autor de obras tan memorables como el relato cosmogónico titulado *Metamorphoseis* y del poema didáctico sobre el arte del querer *Ars amandi*, se llamaba Publio Ovidio Nasón. Aunque, según las imágenes que nos han llegado, no parece que tuviese una nariz prominente, Quevedo así interpretó su apellido, Nasón, en uno de sus poemas satíricos precisamente dedicado al tema que nos ocupa:

> Érase un hombre a una nariz pegado,
> érase una nariz superlativa,
> érase una nariz sayón y escriba,
> érase un peje espada muy barbado;
>
> era un reloj de sol mal encarado,
> érase una alquitara pensativa,
> érase un elefante boca arriba,
> era Ovidio Nasón más narizado.
>
> Érase un espolón de una galera,
> érase una pirámide de Egito,
> las doce tribus de narices era;
>
> érase un naricísimo infinito,
> muchísimo nariz, nariz tan fiera
> que en la cara de Anás fuera delito.

Otro tópico infundado, aunque frecuente, es el de la nariz de los judíos, al que parece referirse Quevedo cuando dice *las doce tribus de narices era*. Es ciertamente un tópico infundado atribuir a los judíos una nariz afilada y prominente. Pues, aunque algunos insistan en considerar a los judíos como una etnia, si nos atenemos a los hechos, *judío* sólo es el que profesa el credo religioso denominado *judaísmo*. El millón de judíos masacrados por los nazis eran mayoritariamente asquenazíes, es decir, habitantes de la Europa central y oriental, sin ninguna raigambre con la tierra palestina de Abraham. Otro tanto cabe decir de los judíos sefardíes, que habitaban la península ibérica hasta que fueron expulsados a finales del siglo quince. Si investigamos sobre su origen étnico, comprobaremos que la inmensa mayoría eran bereberes, es decir, habitantes del África mediterránea que abrazaron la religión judía. Insisto: ser judío es profesar la religión que considera un texto sagrado el *Tanaj*, al que los cristianos llamamos *Antiguo Testamento*, y no hay fundamento alguno para pensar que se trata de una etnia con peculiaridades anatómicas. Es decir, que hay judíos narigudos, y los hay de nariz roma o chata, como sucede con el resto de los humanos. No es, pues, una cuestión genética que caracterice a una etnia -como sí lo es la baja estatura de los pigmeos- sino un rasgo anatómico de algunos individuos.

Si queremos hablar de narigudos célebres sin duda nos tenemos que referir al poeta y dramaturgo francés, contemporáneo de Molière, Cyrano de Bergerac. A su atropellada vida le dedicó un drama romántico a finales del siglo XIX Edmond Rostand. En él nos cuenta que Cyrano, enamorado de Roxane, pero consciente de que el suyo es un amor imposible, pues es narigudamente feo, como poeta asume la labor de escribir las cartas de amor de otro enamorado, que era su amigo Christian. En la penúltima escena, Cyrano, moribundo por la caída de un leño que le abrió la cabeza, lee una última carta, y Roxane se da cuenta de que es él, y no Christian, el autor enamorado que le escribió y leyó tan bellas letras:

> CYRANO. (Leyendo.)
> «Rosana, adiós. ¡Voy a morir!...
> ROSANA. (Deteniéndose asombrada.) ¿Pero en voz alta?
> Cyrano. (Continuando su lectura.)
> «Esta tarde, amada mía, tengo el corazón lleno de amor no expresado...
> ¡y voy a morir!
> Nunca, jamás mis ojos embriagados, mis miradas alegres...»
> ROSANA.
> ¡Cómo leéis esa carta!...
> CYRANO.
> «...alegres de amor, no volverán a besar al vuelo vuestros gestos... ¡os envío en esta carta

el beso acostumbrado para que, por mí, él toque vuestra frente! Quisiera gritar...»

ROSANA. (Turbada.) ¡Cómo leéis esta carta!

(La noche cae insensiblemente.)

CYRANO.

«y grito: ¡Adiós!»

ROSANA.

¡La leéis...!

CYRANO.

«¡Querida! ¡Amada mía! ¡Mi tesoro!...»

ROSANA. (Soñadora.) ¡...Con una voz...!

CYRANO.

«¡Amor mío...!»

ROSANA.

¡...Con una voz...! (Se estremece.) Pero... ¡no es la primera vez que yo oigo esa voz!

(Se acerca suavemente sin que Cyrano se dé cuenta, pasa por detrás de su sillón, se

inclina sin ruido, mira la carta. La sombra aumenta.)

CYRANO.

«...Mi corazón no os abandona un instante. Soy y seré siempre, hasta en el otro mundo, el

que os ame sin medida, el que...»

ROSANA. (Poniéndole la mano en los hombros.)

¿Cómo podéis leer ahora? ¡Es de noche! (Él se estremece, se vuelve, la ve junto a sí, hace

un gesto de emoción y baja la cabeza. Larga pausa. Después, cuando ya la oscuridad es

completa, Rosana añade lentamente, juntando las manos.) Y durante catorce años, habéis

desempeñado el papel del viejo amigo que viene para ser simpático!...

CYRANO. ¡Rosana!

ROSANA ¿Erais vos?

CYRANO.

¡No, Rosana, no!

ROSANA.

Hubiera debido adivinarlo cuando él decía mi nombre.

CYRANO.

¡No! ¡No era yo!

ROSANA.

¡Erais vos!

CYRANO.

¡Os juro...!
ROSANA.
Adivino toda esta impostura generosa. ¡Las cartas eran vuestras!

Al final Cyrano muere. Podría decirse que muerto de amor.

Cambiemos de tercio. Las narices son un apéndice del rostro que al menos cumplen tres funciones. La primera es inhalar el aire que nos alienta, el espíritu que respiramos. La segunda es olfatear, es decir, captar los olores, exquisitos o hediondos, de las cosas y seres que nos rodean, desde un perfume hasta un pedo. Y la tercera es la incesante producción de mocos que sobre todo se agudiza con los resfriados.

Las narices también pueden ser lugares que propicien placer sexual. Como todos los orificios del cuerpo, las narices pueden ser penetradas, no por un pene, obviamente, sino por los dedos de la persona con quien estamos compartiendo un encuentro sexual. Y sin duda tal penetración, que muchas veces practicamos a solas, es una práctica placentera.

Más difícil de entender, para este paleolítico escribidor, es la costumbre actual de ponerse una anilla en las narices, como otrora se ponían en los hocicos de los cerdos. ¿Acaso significa "mira qué cerdo soy"? No creo que así sea, pero pienso que cuando vienen los mocos por un catarro, esa anilla nasal no parece que facilite, sino todo lo contrario, la tarea de sonárselos. Aunque también sé que los gustos de los humanos son muy variados, pues hay quienes incluso se hacen *piercing* en la lengua, el pene o los pezones. Y seguramente les resulta excitante.

MUERTE

MORITURI TE SALUTANT

En nuestros días, cada vez son más los ancianos, muy ancianos, que se aferran a la vida -con las cargas que eso conlleva a sus hijos/as o cuidadores/as, y a la Seguridad Social, pues sobreviven a base de una tríaca de fármacos-, negándose a morir, contra la ley natural. Al respecto decía Marco Tulio Cicerón, en sus *Disputaciones tusculanas*: "En realidad la muerte se afronta con la máxima serenidad cuando la vida, en su declive, puede hallar consuelo en sus propios méritos (...) Ha habido muchas ocasiones en mi vida en las que la muerte habría sido oportuna. ¡Ojalá la hubiera podido afrontar! En realidad ya no tenía nada más que conseguir, había cumplido plenamente los deberes de la vida, sólo me quedaban las lides con el destino".

Tal vez nuestros ancianos no hallen "consuelo en sus propios méritos". Tal vez sus cuerpos se aferren al comer antes de ser comidos. Y tal vez eso nos pase también a nosotros. Por mi parte, confieso que algún día glorioso que he vivido no me hubiera importado morirme "con la máxima serenidad", como dice Cicerón, si no fuese porque uno deja viuda y huérfanos, y marrones sin resolver. Y, sobre todo, porque uno no se atreve a seguir el consejo de Quevedo: "vive para ti solo si pudieres, / que sólo para ti, si mueres mueres". Pues tu muerte no es sólo para ti, sino que afecta a tus allegados. Unas veces para bien y como alivio, como sería el caso de esos ancianos que se resisten a morir, pero otras, sobre todo cuando son prematuras, dejan huella dolorosa en nuestros seres queridos. Así que mucho nos queda por aprender de la *eutanasia*, la "buena muerte", pues muchos son los que la niegan, y se aferran a la vida, aunque ya estén casi de sobra, y otros, que quizás quisieran morirse por sentir que han "cumplido plenamente los deberes de la vida", como decía Cicerón, no lo hacen porque el suicidio parece cosa de trastornados.

43

Quien parece que sí encontró ese "consuelo en sus propios méritos" ciceroniano fue el uruguayo José Mujica, descrito como "el jefe de Estado más humilde del mundo". Alrededor del 90% de su salario mensual como presidente lo destinaba a la ayuda a organizaciones benéficas. Y es porque se alimentaba de su gran riqueza vivencial. Pepe -que así quería que le llamasen- nunca dejó de habitar su humilde granja, a las afueras de Montevideo, donde se fue para morir, abandonando los hospitales y las curas, después de que le diagnosticasen un cáncer terminal. "Todos tenemos que morir", decía. Y lo hizo "con la máxima serenidad" ciceroniana.

Tema escabroso, éste de la muerte, pero fundamental. Por no decir el más definitivo. Ya Sócrates decía que la filosofía viene a ser una reflexión sobre la muerte. Y el pensamiento religioso también se funda en el hecho inexorable de la muerte. Esa muerte que se viene "tan callando", como decía Jorge Manrique.

Una de las reflexiones más audaces e inquietantemente coherentes sobre la muerte es la que hizo Philipp Batz, más conocido -aunque bastante poco- como Philipp Mainländer (1841-1876). Este poeta y filósofo alemán, que influyó en Nietzsche y en Cioran, pensaba que la existencia es la fragmentación -y por tanto, la muerte- de Dios, que en el origen era una unidad. No somos, por ello, sino fragmentos de un Dios muerto, que buscan desesperada e inútilmente restaurar esa unión primordial. Si el ser originario se destruyó, ávido de no ser, lo coherente entonces es buscar el no ser para abandonar esta existencia fragmentada. Por ello Mainländer, como algunos gnósticos de los inicios del cristianismo, defendía la virginidad para no perpetuar esta fragmentación, y, en su caso, yendo más lejos que los gnósticos, el suicidio, por la misma razón. Estos pensamientos los plasmó en su obra fundamental, *Die Philosophie der Erlösung*, "Filosofía de la redención". Cuando la hubo concluido, sintió que su misión había llegado a su fin. Y así, al día siguiente de su publicación, el 1 de abril de 1876, se suicidó. Tal vez sintió lo que decía Cicerón: "en realidad ya no tenía nada más que conseguir, había cumplido plenamente los deberes de la vida".

Pero, cuando uno está vivo, parece que la muerte es algo que les pasa a los demás, aunque sean muy cercanos. Pues nuestra muerte es un asunto constantemente aplazado, demorado, temible, e incluso impensable. Sólo los místicos -"muero porque no muero"-, los poetas -como Mainländer-, lo héroes trágicos -como los de la *Ilíada* o la *Odisea*-, o los dementes -como el tullido fundador de la Legión, Millán-Astray, y su grito de "viva la muerte"- han dialogado cara a cara con la muerte.

Somos un cuerpo, que es la forma física con la que nuestro espíritu se manifiesta. Y no al revés, como intenta convencernos el materialismo científico. Por cierto, ¿qué es el materialismo? ¿y el espiritualismo? *Parole vuote*. Pero uno se decanta por lo que alienta nuestras vidas, y que, en castellano, tiene sabrosas connotaciones. Estamos comprometidos con la vida. Nuestro espíritu respira -y a veces suspira, o incluso se inspira- a cada instante, "como si fuera esta noche la última vez", como dice el bolero *Bésame mucho*. Le damos besos a la vida constantemente, pues sabemos que, en el fondo, cualquiera de ellos podría ser el último, ya que la muerte se viene "tan callando".

"¡Bésame con los besos de tu boca!", dice el *Cantar de los Cantares*. Pues, en el fondo la muerte es el gran orgasmo, la coyunda definitiva. Por eso los místicos están ansiosos de abrazar a la muerte, como San Juan o Santa Teresa, con su "muero porque no muero".

Pero, para los que no tenemos la suerte o la desgracia de ser místicos, no es menester desear la muerte como suicidas, pues si vivimos es porque, poco o mucho, tenemos algo que hacer aquí. Somos irrepetibles, y la vida, nuestra vida, es una misión que sólo puede cumplir cada uno de nosotros.

Mas cuando la muerte llama a nuestra puerta, por una enfermedad o por la edad, de nada sirve aferrarse a la existencia o dejarse invadir por el miedo. Pues, al fin y al cabo, nuestro yo es una ilusión, como bien saben los budistas y también sabía David Hume. Y aferrarse a esa ilusión es lo que propiamente significa el infierno: una tortura que nos rondará en nuestra agonía, y que también causará mucho dolor a nuestros allegados.

Sabemos, como Mujica, que vamos a morir. Pues bienvenida sea la muerte para estos mortales, y no maldecida. Si la muerte se presenta, se le saluda, como los gladiadores: *morituri te salutant*.

ENSUEÑOS Y DESPERTARES

Cuando falleció mi padre tuve la suerte de estar con él hasta el último momento. Al presentir que iba a exhalar su último aliento, le recité en voz baja el mantra de los mantras, el que figura al final del *Sutra del corazón*: गते गते परगते परसंगते बोधि स्वाहा, *gate gate páragate párasamgate bodhi sváhá*. Era un 7 de febrero, precisamente el día de mi cumpleaños, y pensé que se había ido por la misma puerta temporal por la que yo entré. El significado de ese mantra viene a ser: "ido, ido, ido más allá, ido completamente más allá, despertar, sváhá (término intraducible)". Aunque también en vez de "ido" se podría decir "vase", como cuando en las obras de teatro alguien abandona la escena.

Bodhi, "despertar". ¿Es la muerte un despertar, o más bien un sueño eterno? Veamos algunas de las diferentes opiniones al respecto.

En el famoso monólogo que William Shakespeare pone en boca de *Hamlet*, en el III acto de su célebre tragedia, amén del archiconocido *to be or not to be*, dice lo siguiente:

> To die: to sleep;
> no more; and by a sleep to say we end
> the heart-ache and the thousand natural shocks
> that flesh is heir to, 'tis a consummation
> devoutly to be wish'd. To die, to sleep;
> to sleep: perchance to dream: ay, there's the rub;
> for in that sleep of death what dreams may come
> when we have shuffled off this mortal coil.

> Morir, dormir;
> no más: y con un dormir decir que acabamos
> con el dolor del corazón, y los mil golpes naturales
> que son herencia de la carne; ésa es una consumación
> piadosamente deseada. Morir, dormir;

dormir, tal vez soñar: sí, ahí está el obstáculo;
porque en ese sueño de muerte, qué sueños pueden sobrevenir
cuando nos hayamos desprendido de nuestras tribulaciones mortales.

La muerte, entonces, es dormir, y con un sueño no necesariamente placentero, pues ignoramos si más bien -mejor dicho, *más mal*- podría tratarse de una terrible pesadilla.

No muchos años después Pedro Calderón de la Barca parece defender una visión diferente en su obra *La vida es sueño*, donde pone en boca de *Segismundo* este también célebre monólogo:

¿Qué es la vida? Un frenesí.
¿Qué es la vida? Una ilusión,
una sombra, una ficción,
y el mayor bien es pequeño;
que toda la vida es sueño,
y los sueños, sueños son.

Otra perspectiva, pero que ha de llevarnos a la misma reflexión, es la que casi dos siglos antes dejaba lapidariamente escrita Jorge Manrique cuando escribía la *Coplas* a la muerte de su padre:

Recuerde el alma dormida,
avive el seso, y despierte
contemplando
cómo se pasa la vida,
cómo se viene la muerte
tan callando.

Calderón nos dice que la vida es sueño, y Manrique nos invita a despertar de ese sueño, y que la muerte, que se viene tan callando, nos pille despiertos.

"Morir, dormir; dormir, tal vez soñar", decía Shakespeare, y tampoco le faltaba razón, sobre todo si de su exquisito inglés nos vamos al rico y polisémico castellano. Sinónimo de acostarse es tumbarse. Tumbarse para dormir y soñar en ese anticipo de la tumba que es la cama, donde morimos y/o regresamos al útero materno un poco cada noche.

Y si nos asomamos brevemente a la polisemia del sueño, no es lo mismo decir "tengo sueño", que "tengo sueños", o que "tengo un sueño". "Tengo sueño" decimos cuando estamos durmiéndonos y deseando acostarnos o, como antes dije, tumbarnos. Al decir "tengo sueños" nos referimos a esas ficciones extrañas, placenteras o angustiosas que fraguamos mientras dormimos. Cuando decimos "tengo un sueño", como el famoso *I have a dream* del vibrante y célebre discurso de Martin Luther King, hablamos de una ilusión, un deseo, una esperanza, un horizonte que perseguimos.

¿Soñar o despertar? Tal vez soñar y despertar, en ese ritmo cíclico en el que vivimos nuestras vidas, nuestras varias vidas vividas en esta vida que nos lleva hacia la muerte. Y son muchos los que piensan que también después de ella, pues tras morir retornamos una y otra vez en el giro de esa rueda de las reencarnaciones que los hindúes llaman संसार, *saṃsāra*, y que Platón denominaba μετεμψύχωσις, *metempsýjosis*, "transmigración de las almas".

Entre los primeros filósofos griegos destacó Heráclito, a quien llamaban "el oscuro" -porque no entendían lo que decía-, o "el llorón", pues se quejaba de la torpe naturaleza humana. Sólo hemos conservado unos pocos fragmentos de su obra, que fueron recopilados, entre otros, por Hermann Diels y Walter Kranz, y es su numeración la que voy a utilizar. De los fragmentos que conservamos, varios de ellos aluden al tema que nos ocupa del dormir y el despertar en relación con la vida y la muerte. Al final del fragmento 1 dice Heráclito:

τοὺς δὲ ἄλλους ἀνθρώπους λανθάνει ὁκόσα ἐγερθέντες ποιοῦσιν, ὅκωσπερ ὁκόσα εὕδοντες ἐπιλανθάνονται.

"Pero a los demás hombres les pasan inadvertidas cuantas cosas hacen despiertos, del mismo modo que les pasan inadvertidas cuantas hacen mientras duermen". Heráclito se refiere a los hombres que no son conscientes de la *razón común*, pues defendía que hay un λόγος, *logos*

-traducible como "razón" o "palabra"- que es común a todos los hombres, aunque cada uno crea que tiene el suyo particular. Por cierto, que en el mismo lugar que Heráclito, Éfeso, importante colonia griega en la Antigüedad que hoy pertenece a Turquía, San Juan escribió el enigmático prólogo de su evangelio, que comienza diciendo: ἐν ἀρχῇ ἦν ὁ λόγος, "en el principio era el *logos*".

El mismo sentido tiene el fragmento 89:

τοῖς ἐγρηγορόσιν ἕνα καὶ κοινὸν κόσμον εἶναι, τῶν δὲ κοιμωμένων ἕκαστον εἰς ἴδιον ἀποστρέφεσθαι.

"Para los despiertos hay un mundo único y común, mientras que cada uno de los que duermen se vuelve hacia uno particular".

Relacionando el dormir/despertar con la vida y la muerte nos dice Heráclito en el fragmento 21:

θάνατός ἐστιν ὁκόσα ἐγερθέντες ὁρέομεν, ὁκόσα δὲ εὕδοντες ὕπνος.

"Muerte es cuantas cosas vemos al despertar, sueño cuantas vemos al dormir".

En el fragmento 26, uno de los más enigmáticos, le da otro giro a la cuestión diciendo:

ἄνθρωπος ἐν εὐφρόνηι φάος ἅπτεται ἑαυτῶι ἀποσβεσθεὶς ὄψεις, ζῶν δὲ ἅπτεται τεθνεῶτος εὕδων, ἐγρηγορὼς ἅπτεται εὕδοντος.

"El hombre en la noche enciende para sí una luz, cuando se han apagado sus ojos; viviendo toca al muerto, despierto toca al que duerme".

Para terminar con esta antología de los dichos de Heráclito, leamos lo que dice en el fragmento 27:

ἀνθρώπους μένει ἀποθανόντας ἄσσα οὐκ ἔλπονται οὐδὲ δοκέουσιν.

"A los hombres que mueren les aguardan cosas que no esperan ni se imaginan". Shakespeare tal vez estaría de acuerdo con esa incertidumbre. Y yo también, pues nada sabemos los vivos de la muerte.

Seis siglos más tarde, Saulo de Tarso, luego bautizado como Pablo, en una de sus epístolas a los *Efesios* (5:14), escribiría lo que algunos interpretan como el fragmento de un himno gnóstico:

Ἔγειρε, ὁ καθεύδων, καὶ ἀνάστα ἐκ τῶν νεκρῶν, καὶ ἐπιφαύσει σοι ὁ Χριστός.

"Despierta, tú que duermes, y levántate de los muertos, y te iluminará Cristo". Quiero pensar que es éste el auténtico sentido simbólico de la "resurrección" -en griego ἀνάστασις, "levantarse"-: levantarse y despertar para encontrar la iluminación. También así lo pensaba quien escribió el *Evangelio de Felipe* (21), un texto hallado en Nag Hammadi: "Los que dicen que el Señor primero murió y resucitó, se engañan; pues primero resucitó y (luego) murió".

Pero para hablar sobre el despertar y la iluminación, sin duda tendremos que acudir a Siddharta Gautama, llamado el *Buda* porque despertó y consiguió la iluminación en esta oscura vida azotada por el sufrimiento. Según el *Buda Shakyamuni*, el principal problema humano es दुःख, *duhkha*: el sufrimiento, el dolor, la pena, la *duca,* como dicen en sus cantes los gitanos cuya lengua, el romaní, está emparentada con la del Buda, pues proviene de la India. ¿Qué hacer ante ello? Encontrar la causa, समुदाय, *samudaya*: el origen del sufrimiento, que suele ser तृष्णा, *trishna*, "la sed", la ansiedad, la insatisfacción, el apego. Entonces hay que erradicarlo mediante निरोध, *nirodha*: la supresión del origen del sufrimiento, "apagar la sed", sobre todo el apego al yo, comprendiendo el अनात्मन् *anatman*: la inexistencia del yo, su carácter ilusorio. ¿Y cómo hacerlo? Emprendiendo el camino, मार्ग, *marga*, que conduce a la supresión del origen del sufrimiento, y que consiste en ocho pasos, de los cuales el más importante es ध्यान, *dhyana*, la meditación.

La meditación es una especie de sueño consciente, un estar aquí y ahora aparentemente dormido pero despierto, en estado de alerta, como los perros o los gatos cuando parece que duermen pero se enteran de todo lo que pasa a su alrededor.

En nuestras tierras ibéricas, tuvimos a esa especie de buda que fue San Pedro de Alcántara. Decía Santa Teresa de Jesús que de viejo era "tan extrema su flaqueza, que no parecía sino hecho de raíces de árboles". Como el Buda en el momento del despertar. Fray Pedro de Alcántara, hermano franciscano, fue un buda por méritos. Mientras que Siddharta estuvo meditando sentado más de cuarenta días hasta que se convirtió en el *Buda*, "el que ha despertado", fray Pedro estuvo despierto más de cuarenta años hasta que, llegada su hora, por fin se sentó a descansar en la casa del Señor. Nos lo cuenta Santa Teresa en el relato autobiográfico de su *Vida* (XXVII, 17):

> Paréceme fueron cuarenta años los que me dijo había dormido sola hora y media entre noche y día, y que éste era el mayor trabajo de penitencia que había tenido en los principios, de vencer el sueño, y para esto estaba siempre o de rodillas o en pie. Lo que dormía era sentado, y la cabeza arrimada a un maderillo que tenía hincado en la pared. Echado, aunque quisiera, no podía, porque su celda -como se sabe- no era más larga de cuatro pies y medio.

Dura búsqueda de la iluminación la de San Pedro de Alcántara, por no decir, a mi entender, un tanto masoquista. Mas ya sabemos que el cristianismo ha tenido otro trato con el dolor muy diferente al del budismo. No hay más que reparar en que el símbolo cristiano que se exhibe es una cruz, el instrumento de tortura y de muerte donde Cristo fue injustamente ajusticiado.

No se me ocurre nada mejor para terminar esta aventurada indagación sobre ensueños y despertares que callarme y escuchar lo que dice la amada en el *Cantar de los cantares* (5:2):

אֲנִי יְשֵׁנָה וְלִבִּי עֵר קוֹל

"Yo dormía, pero mi corazón velaba".

DESCENSUS AD INFEROS

El llamado *descensus ad inferos*, "descenso a los infiernos", es un tema recurrente en múltiples tradiciones míticas, religiosas y literarias desde tiempos inmemoriales. Entre tantas tradiciones, quisiera comenzar con el testimonio que aportan ciertos textos cristianos apócrifos.

El apóstol Bartolomé, uno de los doce, según los evangelios de Mateo, Marcos y Lucas, y también según los Hechos de los Apóstoles[22], no aparece nombrado por Juan en su evangelio, que, sin embargo nombra a un tal Natanael, de quien no hablan los otros evangelistas. La tradición ha venido habitualmente identificando a ese Natanael con Bartolomé. La hipótesis que parece más probable es que Mateo, Marcos y Lucas le nombrasen por su apellido, en arameo בר תולמי, *bar Tôlmay*, "hijo de Ptolomeo" -en castellano sería algo así como *Tolómez* o *Tolomoz*-, mientras que Juan le nombró por su nombre de pila, Natanael (en arameo נתנאל, *natan El*, "Dios ha dado"). En castellano, sin embargo, sí que se usa como nombre de pila Bartolomé, como el del venerable fraile dominico Bartolomé de las Casas, quien luchó por los derechos de los indígenas americanos, consiguiendo que los Reyes Católicos aboliesen su esclavitud... mas no la de los negros africanos, con los que portugueses y españoles traficaban en las Indias Occidentales.

El apócope de Bartolomé en nuestra lengua es Bartolo, como al que se refiere la canción popular:

> Bartolo tenía una flauta
> con un agujero solo,
> y a todos daba la lata
> con la flauta de Bartolo.

---

[22] Mateo 10,3; Marcos 3,18; Lucas 6,14; Hechos de los Apóstoles 1,13

Sean o no la misma persona, me ha parecido interesante traer aquí lo que dice la tradición sobre el tal Natanael y/o Bartolomé.

Cuenta Eusebio de Cesárea, en su *Historia Eclesiástica*, que el sabio y santo alejandrino Panteno, pitagórico, neoplatónico y finalmente cristiano, maestro, entre otros, de Clemente de Alejandría, cuando fue a evangelizar la India "se encontró con que el *Evangelio según Mateo* se le había adelantado en su llegada entre algunos habitantes del país que conocían a Cristo: Bartolomé, uno de los apóstoles, les había predicado y les había dejado el escrito de Mateo en los propios caracteres hebreos"[23].

Esa supuesta predicación de Bartolomé en la India después sería desarrollada, en el siglo XIII, por Jacobo de la Vorágine, en su *Leyenda dorada*, donde se entretiene en contarnos, con todo lujo de detalles, las enseñanzas que el apóstol impartió a los indios[24].

Pero si vamos a las fuentes más antiguas, a saber, los evangelios, nos encontramos con que en los sinópticos, Mateo, Marcos y Lucas, simplemente se le nombra; sólo Juan, que le llama Natanael, nos cuenta algo del apóstol:

> Felipe halló a Natanael, y díjole: Hemos hallado a aquel de quien escribió Moisés en la Ley, así como los profetas: Jesús, el hijo de José, de Nazaret. Díjole Natanael: ¿De Nazaret puede salir alguna cosa buena? Dícele Felipe: Ven, y ve. Jesús vio venir a sí a Natanael, y dice de él: He aquí un verdadero israelita, en el cual no hay engaño. Dícele Natanael: ¿De dónde me conoces? Respondióle Jesús, y le dijo: Antes que Felipe te llamara, cuando estabas debajo de la higuera, te vi. Respondió Natanael, y le dijo: Rabí, tú eres el Hijo de Dios; tú eres el Rey de Israel. Respondió Jesús, y le dijo: ¿Porque te dije: "te vi debajo de la higuera", crees? Cosas mayores que éstas verás[25].

[23] HE V 10,3
[24] LD CXXIII
[25] Juan 1,45-50.

No es cuestión baladí que a Jesús le nombre Juan como "el hijo de José". De hecho Juan en ningún pasaje se refiere a la supuesta virginidad de María, a quien sólo nombra como la madre de Jesús, pues su interés se centra en otra María, la Magdalena. Mateo también se refiere a esta paternidad, tan molesta para el dogma oficial, incluso diciendo que Jesús no era unigénito, sino que tenía hermanos y hermanas: "¿No es este el hijo del carpintero? ¿No se llama su madre María, y sus hermanos, Jacobo, José, Simón y Judas? ¿No están todas sus hermanas con nosotros?"[26].

Natanael es el que está descansando a la sombra, "debajo de la higuera". En el último capítulo de su evangelio, Juan vuelve a nombrar a Natanael como "el de Caná de Galilea", y nos dice que fue uno de los siete discípulos que vieron a Jesús resucitado en el mar de Tiberíades.

Precisamente ese hecho, ver a Jesús resucitado, parece ser el que sirvió de base a un evangelio que data del siglo V, aunque pudo ser escrito antes del siglo II: el *Evangelio de Bartolomé*. No perderé el tiempo en debatir si es apócrifo o auténtico, pues ni los evangelios canónicos se libran de ese infructuoso -por no decir estúpido- debate. Sólo me consta que, como todos los otros evangelios, que son muchos, es un texto que alguien escribió pensando que era importante, un *evangelio*, es decir, una "buena noticia" -no como las que en estos feos tiempos escuchamos en los noticiarios-, que tal vez siga siendo buena para algunos de nosotros. Mi admirado Aurelio de Santos Otero, en su, hasta hoy, insuperable recopilación y edición de los *Evangelios Apócrifos*, nos da una detallada información sobre el origen de ese evangelio, amén de proporcionarnos su traducción, basada en los textos griegos y latinos, con los cuales la acompaña, así como con sus eruditas notas[27]. Lo publicó en la B.A.C., Biblioteca de Autores Cristianos, en cuyo logo figura un ciervo enmarcado en la leyenda *sicut cervus ad fontes*, "como el ciervo va a las fuentes". A esas fuentes, *sicut cervus*, quiero ir a beber.

[26] Mateo 13, 55-56
[27] EA (1988) pp. 530-566

Este curioso evangelio trata de un diálogo entre Jesús resucitado y Bartolomé. Casi al principio de esa conversación, dice Bartolomé:

> Cuando marchabas camino de la cruz, yo iba siguiendo de lejos. Y te vi a ti pendiente del madero y a los ángeles que, bajando de los cielos, te adoraban.
>
> Al sobrevenir las tinieblas, yo estaba contemplándolo todo. Y vi cómo desapareciste de la cruz y sólo pude oír los lamentos y el crujir de dientes que se produjeron súbitamente en las entrañas de la tierra. Comunícame, Señor, adónde fuiste desde la cruz.

Y le responde Jesús:

> Dichoso de ti, Bartolomé, amado mío, porque te fue dado contemplar este misterio. Ahora puedes preguntarme cualquier cosa que se te ocurra, que todo te lo daré a conocer.
>
> Cuando desaparecí de la cruz, es que bajé al infierno para sacar de allí a Adán y a todos los que con él se encontraban, accediendo a la súplica del arcángel Miguel.

Esto es lo que más nos interesa, para el tema de este ensayo, por su contenido simbólico. Pues se trata de una bajada al infierno, *descensus ad inferos*, lo que los griegos llamaban κατάβασις, *catábasis*. En un escrito, tal vez contemporáneo del *Evangelio de Bartolomé*, el denominado como *Hechos de Pilato* o *Evangelio de Nicodemo*[28], también se trata extensamente de ese descenso de Cristo a los infiernos.

Más tarde los alquimistas llamarían a ese proceso *opus nigrum*, "obra al negro". Para entender el abigarrado y enigmático lenguaje de la alquimia, en mi opinión, sin duda es imprescindible la indagación que minuciosamente llevaron a cabo tanto el sabio psicólogo suizo Carl Gustav Jung, como el erudito estudioso de las religiones y las mitologías, el rumano Mircea Eliade.

Catábasis, descensus ad inferos, opus nigrum, a veces también *regressus ad uterum*, son formas de referirse a ese proceso de inmersión

---

[28] EA (1988) pp. 390-465

en las profundidades de uno mismo que voy a intentar explicar guiado, sobre todo, y como he dicho, por los maestros Jung y Eliade, aunque también echaré mano de esa magnífica y erudita obra que ha publicado el profesor Miguel Herrero de Jáuregui: *Catábasis. El viaje infernal en la Antigüedad.*

Pero, antes de irme con ellos, quisiera abundar en el asunto del *descensus Christi ad inferos* que relatan tanto el *Evangelio de Bartolomé* como los *Hechos de Pilato* o *Evangelio de Nicodemo*. Son curiosos los dos relatos, que no voy a traer aquí por su extensión y porque quien quiera entretenerse en ellos creo que ya sabe donde encontrarlos. Sólo haré un breve resumen, sin dejar de aportar mi libre o torpe interpretación. Ambos textos se refieren a la bajada de Jesús a los infiernos para de allí rescatar a Adán, nuestro padre primigenio, y a todas las almas que allí estaban penando. Por cierto, que de nuestra madre Eva no se dice nada, ni si fue rescatada, o si Jesús la dejó abrasándose en el infierno. No es extraño, pues sabemos que todos estos textos -como todos los bíblicos- fueron escritos por hombres y para hombres, sin contar con las mujeres, ni apenas pensar en ellas. Vamos a lo que vamos. ¿Qué puede significar sacar del infierno a Adán, y a las almas que estaban allí penando? ¿Por qué Jesús, cuando lo hizo, tuvo que lidiar con varios demonios? Tal que así lo entiendo yo: el infierno es el lugar donde habitan nuestros miedos, nuestros deseos ocultos, nuestros más íntimos sueños: nuestro inconsciente. Y por eso hay que rescatar a Adán, nuestro padre primigenio, porque somos su estirpe, porque Adán somos nosotros, así como también somos todas esas otras almas, pues todos, en el fondo, somos uno, aunque nos esforcemos en ser peculiares, en creernos otros.

Tal vez me he apresurado un poco en desvelar mi versión, la que seguramente no compartirán los que tratan esta cuestión como un tema épico-mitológico. No les falta razón, pues el asunto es recurrente en una gran cantidad de mitos y epopeyas, como bien nos resume Herrero de Jáuregui[29]. Podemos ya encontrarlo en la más antigua epopeya conocida, el *Poema de Gilgameš*, cuyos fragmentos más antiguos datan

[29] CAT (2023) pp. 42-45

del siglo XXI a. C., donde Enkidu, amigo y amante de Gilgameš, viaja al submundo para rescatar el mazo de Sîn, el dios Luna y, aunque en principio queda atrapado, luego retorna de él, pues Šamaš, el dios Sol, le "abrió una rendija en el Submundo"[30].

Si nos vamos de Babilonia a Egipto, casi en las mismas fechas, nos encontramos con esas guías para transitar e ir sorteando los múltiples peligros del *Duat*, ese lugar inferior en el que ingresan los difuntos. La más famosa de tales guías es el denominado *Libro de los muertos*. En realidad se trata de una adaptación de los textos jeroglíficos grabados en las cámaras sepulcrales del interior de las pirámides, así como, posteriormente, en los sarcófagos. Aunque su versión en papiro fue descubierta ya en la Edad Media, no fue hasta el siglo XIX, en la expedición de Napoleón a las tierras de Egipto, cuando el sabio Jean-François Champollion, genio descifrador de los jeroglíficos, al comenzar a traducirlo se dio cuenta de que se trataba de un ritual funerario. Por cierto que, aunque le conozcamos por ese nombre, su título original es *Libro de la Salida al Día*. Transliterado sería *rw nw prt m hrw*, para el que sepa vocalizar ese amasijo de consonantes. Lo que me atrae de ese texto, como nos muestra su título, es que se trata de sumergirse, como el sol al atardecer, en las tinieblas, para luego resurgir, como él lo hace cada día, en un nuevo amanecer.

Como Herrero de Jáuregui se centra en la tradición occidental, no nombra otro texto paralelo al que acabamos de tratar con los egipcios. Se trata del conocido como *Libro tibetano de los muertos*, bastante posterior, en realidad titulado *Bardo thodol* (en tibetano བར་དོ་ཐོས་གྲོལ), que significa "La liberación por audición durante el estado intermedio"; estado *post mortem* que, según dice, dura 49 días, 7 semanas. Es una guía de instrucciones, tanto para los muertos como para los moribundos, que supuestamente les conduce a la iluminación para poder librarse de volver a reencarnarse. Algo así como lo que el cristianismo denominó *Purgatorio*, y que tan bellamente describió Dante.

[30] GRU (2005) pp. 316-317

En Grecia, en el siglo VIII a. C., Homero nos cuenta en su *Ilíada*, como otros lo harían después, la que es la última de las hazañas -los llamados oἱ δώδεκα ἄθλοι, *los doce trabajos*- de Heracles, Hércules para los romanos. Tras viajar primero a Eleusis para ser iniciado en sus misterios y aprender cómo entrar en el Hades y salir vivo, su empeño fue nada menos que traerse de allí al can Cerbero, guardián de los infiernos.

También el mítico poeta y músico Orfeo descendió al inframundo para rescatar a su amada esposa Eurídice, que había muerto recién casada por la mordedura de una serpiente. Tras suplicar, con su música sublime, a Hades para que le dejase ir a por ella, éste aceptó con una condición: que no se volviese para contemplarla hasta que no hubiesen salido del mundo de las sombras. Pero Orfeo no pudo resistirse, y cuando estaba a punto de abandonar las sombras, miró a su amada Eurídice, y la perdió por segunda vez.

Posteriormente, filósofos como los pitagóricos, Parménides, Empédocles o Platón, también parece que estuvieron de algún modo interesados en conocer o visitar ese inframundo del Hades.

En Roma, las hazañas de Heracles y de Orfeo fueron también atribuidas a Eneas, un compañero de Odiseo, como cuenta Virgilio en el libro VI de su *Eneida*[31]. Cuando Eneas vagaba por el mediterráneo después de la Guerra de Troya, se le apareció el alma de su padre Anquises, quien le rogó que fuera a verlo en el *Averno*, que es uno de los nombres que los romanos daban al reino de Hades. Con la ayuda de la Sibila de Cumas, lugar donde Eneas hizo una parada, bajó al reino de los muertos, donde Anquises le mostró la grandeza futura del pueblo que Eneas habría de fundar: Roma. Como puede comprobarse, se trata de otra versión sobre la fundación de Roma, alternativa a la usual de Rómulo y Remo.

Si nos vamos al cristianismo, como bien explica Herrero de Jáuregui, "la novedad más específica de la escatología cristiana frente a la tradición griega y romana es que la vida *post mortem* de los hombres está

---

[31] EN (2023), pp. 305-374

condicionada por la resurrección, *anástasis*, de Jesucristo, que supone la victoria sobre la muerte y la redención de la humanidad entera"[32]. Tal y como hemos visto anteriormente en el *Evangelio de Bartolomé* y en los *Hechos de Pilato* o *Evangelio de Nicodemo*.

El neoplatónico obispo cristiano -casado y con hijos- Sinesio de Cirene, alumno y muy amigo de Hipatia de Alejandría, en uno de sus peculiares y heterodoxos himnos dice al respecto del descenso de Cristo a los infiernos:

> Descendiste hasta la tierra para habitar,
> con un cuerpo mortal,
> entre los efímeros hombres,
> y descendiste al fondo del Tártaro
> donde, por millares,
> las naciones de almas se hallaban
> bajo el dominio de la muerte:
> se estremeció ante ti entonces
> el viejo Hades, el de antiguo origen,
> y el perro devorador de pueblos,
> demonio de poderosa fuerza,
> se retiró del umbral.
> Tras librar de sus pesares
> a los coros santos de las almas,
> junto con los cortejos inmaculados
> elevas himnos al Padre[33].

Quisiera ahora sumergirme en un asunto que he dejado pendiente, y que el erudito Herrero de Jáuregui ni siquiera roza en su amplio y detallado ensayo. Me refiero a intentar comprender lo que al respecto decían los alquimistas. El monje benedictino Basilio Valentino, del siglo XV, en su *ora et labora*, entre sus oraciones y labores, se dedicó a hablar y laborar sobre la alquimia. Fue de los primeros en obtener azogue o mercurio, e investigar sobre el cinabrio, el sulfuro de mercurio, HgS, que contiene dos de las tres sustancias básicas de la alquimia: el azufre y el mercurio. Los médicos y alquimistas chinos creían que el consumo

---

[32] CAT (2023) p. 415
[33] SC (1993) pp. 93-94

del elixir de cinabrio -a pesar de que es tóxico- proporcionaba la longevidad. Pero no hay que irse tan lejos, pues precisamente aquí, en Almadén, se encuentra la más importante mina del mundo de ese preciado mineral, ya explotada antes de que los romanos se interesasen por ella.

Siguiendo con Basilio Valentino, diremos que relacionó a las tres sustancias básicas de la alquimia, a saber, azufre, mercurio y sal, con los tres componentes del ser humano: espíritu, alma y cuerpo. También investigó sobre el llamado *vitriol*, nombre que utilizó para denominar a varios compuestos que contienen azufre, como el ácido sulfúrico. Lo más interesante, a mi entender, es que en su obra, publicada en 1559, un siglo después de su muerte, titulada *Zwolff Schlüsserl*, "Las Doce Llaves (de la Filosofía)", figuran una serie de imágenes, tres de las cuales se refieren al *vitriol*, interpretándolo como un acróstico: **Visita Interiora Terrae Rectificando Invenies Occultum Lapidem**, "visita el interior de la tierra y rectificando encontrarás la piedra oculta". Creo que aquí está la clave, o una de las *doce claves*, para entender el tema que estoy tratando, el *descenso a los infiernos*. Ya he dicho anteriormente que la *catábasis*, aunque nos entretengamos en las hazañas de los diversos héroes que la afrontaron, si tiene algún sentido para nosotros es el que supo descifrar Basilio Valentino: si quieres encontrar la piedra oculta, la piedra filosofal, es decir, el oro oculto en tu ser, ese que brilla como el sol, tienes que entrar en tus tinieblas interiores, y, rectificando tus sombras, encontrar la oculta luz que brilla en tu interior. He aquí una de esas imágenes:

Antes de terminar, no puedo dejar de referirme a Dante Alighieri, quien en su célebre *Comedia* empieza el viaje interior precisamente por el infierno, y no es casual que le sirva de guía Virgilio:

Nel mezzo del cammin di nostra vita
mi ritrovai per una selva oscura,
ché la diritta via era smarrita.

A mitad del camino de la vida
yo me encontraba en una selva oscura,
con la senda derecha ya perdida.

SOMOS LO QUE NO SOMOS

Somos lo que no somos. Con esta paradójica expresión quiero decir que lo que ahora somos no es sino el poso o sedimento de lo que fuimos. Es decir, de lo que ya no somos, pues el pasado, aunque insista en su afán de resurgir en nuestros recuerdos, es pasado, ya no es, sino que fue. Y por si fuera poco ese agarrarse al no ser, lo que ahora somos no es más que el proyecto de lo que queremos y esperamos ser. Ese no ser al que llamamos futuro, que ni siquiera es el no ser del pasado, que fue, sino que es un no ser que puede ser que nunca sea. Y mientras tanto, nuestro único ser que es, el del aquí y el ahora, nos pasa desapercibido, pues siempre estamos rumiando el pasado y barruntando el futuro. No somos nadie, dice la gente cuando asiste a un funeral. Somos nada, decía Sartre para referirse a esa peculiar característica de nuestra conciencia que nos empuja a instalarnos en esa nada que fuimos y ya no somos, y en esa otra nada que no somos y que quizás nunca seremos.

Aquí y ahora es toda tu vida, dicen los monjes *zen*, invitándonos a instalarnos en lo único que es y que hay. Siempre es aquí y ahora. Y, por extraño que parezca, esa es la única eternidad a la que tenemos acceso. Pues la eternidad no es ese tiempo sin fin que nos imaginamos, sino este hoy que siempre es hoy. Siempre, lo cual es como decir que para siempre e insistentemente es hoy. Pero entre ayeres y mañanas se nos escapa la eternidad del hoy. Y así vivimos poseídos por los muertos, nuestros espectros del pasado, y cautivados por los espíritus de imaginarios proyectos que vaya usted a saber si llegarán a ser.

Somos lo que no somos. Pues aunque acudiésemos a la llamada del hoy, del aquí y el ahora, como nos dicen los místicos, irremediablemente hemos tomado el tren de la conciencia, el que viene de ayer y nos dirige hacia mañana. De una nada a otra nada. De un no ser a otro no ser. Y, mientras tanto, lo que somos, lo que ahora somos, se nos escurre entre los dedos, como el agua de un torrente que viene no se sabe bien de dónde, y que discurre sin que tampoco sepamos ciertamente hacia dónde. Tal es la nada que venimos siendo. Lo cual no deja de ser curiosamente milagroso. Pues estos seres que somos lo que no somos hacemos mucho ruido con nuestro no ser, y construimos relatos, historias de lo que ya no somos para intentar vislumbrar lo que podríamos ser, pero tampoco somos. Somos esos raros seres que para ser se construyen el edificio imaginario del no ser, de lo que fue y ya no es, y de lo que no sabemos si será. Esa quimera es nuestra historia, y con tan vanos y efímeros cimientos construimos nuestro yo, nuestra conciencia.

Somos lo que no somos. Podría seguir divagando sobre esa paradoja que nos constituye, pero prefiero abandonar este relato delirante y perderme, si puedo, en el brillo de este aquí y de este ahora. Pues ahora, o nunca. Y ya he perdido mucho tiempo en esas nadas, en el vaivén entre otroras y futuros.

SUICIDIOS[34]

Mientras que casi todos procuran seguir viviendo, algunos deciden quitarse la vida: los suicidas.

Suicidios célebres en la Antigüedad fueron, por ejemplo, los de Empédocles, Sócrates o Séneca. De Empédocles de Akragas, hoy Agrigento, en Sicilia, se cuenta que se suicidó tirándose al cráter del volcán Etna, y dejando una de sus sandalias doradas como testimonio. La muerte-suicidio de Empédocles, que era un poeta, fascinó a ese otro poeta que fue Hölderlin. Tanto es así que le dedicó la única obra dramática que escribió, y que dejó inacabada tras intentar tres versiones diferentes. Estoy hablando de *Der Tod des Empedokles, La muerte de Empédocles*. De la primera versión -la más extensa y, en mi opinión, la más apasionada- entresacamos una conversación con su buen amigo Pausanias, en la que se augura lo que va a suceder:

> ¿Acaso no lo ves? Hoy
> regresa el tiempo hermoso de mi vida
> una vez más, y lo más grande me espera
> todavía; arriba, hijo mío: subamos
> a la cumbre del viejo Etna,
> pues los dioses están más cerca en las alturas.

Es célebre también el suicidio de Sócrates, quien, cuando le condenaron a muerte, prefirió tomar la cicuta antes que huir de Atenas, como le proponían sus discípulos. Más sorprendente es el de Diógenes el Cínico, el Perruno, de quien se dice que murió el mismo día y a la misma hora que Alejandro Magno, pero que mientras este último murió de una indigestión -probablemente debida a sus frecuentes excesos-, Diógenes lo hizo ¡conteniendo la respiración voluntariamente! Parecido al de

---

[34] En este ensayo hay pasajes entresacados y adaptados del capítulo 6 de mi libro *Redondeces*, (2024), Ápeiron, Madrid.

Sócrates fue el suicidio de Séneca, también condenado a muerte, que decidió cortarse las venas en una bañera. Incluso me atrevería a decir que la muerte de Jesús el Galileo, Jesucristo, no deja de ser un suicidio, pues, habiendo podido evitarla -ya que se trataba del Hijo de Dios-, se entregó a ella voluntariamente, con todas sus cruentas consecuencias.

Por citar un controvertido caso medieval, está el asunto de la *endura* que practicaban los cátaros. Algunos autores especulan sobre si se trataría de un suicidio que tendrían permitido cuando así lo decidiesen. Sin embargo, según los textos conservados, parece que se trataba de un ayuno ritual para los recién ordenados, para los que mienten involuntariamente y para los moribundos. En este último caso, más que de un suicidio, parece que se trataría de una eutanasia.

Pero si hay una época histórica donde el suicidio se convirtió en un asunto central fue el *Romanticismo*. Es sabido que el pistoletazo de salida de este movimiento fue la novela que Johann Wolfgang von Goethe (1749-1832) publicó en 1774: *Las penas del joven Werther*. En ella se narra el amor no correspondido e imposible de Werther, que al final le llevará a suicidarse pegándose un tiro en la cabeza. La historia se la inspiró a Goethe el caso de su amigo Karl Wilhelm Jerusalem, quien, enamorado de una mujer casada, una condesa cuyo amor nunca podría alcanzar, con 24 años se suicidó de un pistoletazo. El impacto de la novela de Goethe fue tan grande, que al parecer llevó a suicidarse a unos cuarenta jóvenes, lo que en psicología luego se denominaría "suicidio mímico" o "efecto Werther".

El *Romanticismo* se extendió rápidamente por Europa. Con un tiro en la cabeza se suicidó en 1837, como Werther, y por desamor, como él, el romántico español Mariano José de Larra. Y en Inglaterra conmocionó el suicidio del jovencísimo poeta Thomas Chatterton, que a los 17 años, dada su mísera situación, prefirió envenenarse a morir de hambre. Está muerte inspiró un bello cuadro al pintor Henry Wallis, *La muerte de Chatterton* (1856).

Ya hemos hablado en otro ensayo del suicidio de Philipp Mainländer (1841-1876), así que no volveremos sobre ello.

Si nos vamos a Oriente, nos encontramos con el sorprendente caso de los *sokushinbutsu*. Aunque los *sokushinbutsu*, 即身仏, "los que alcanzan la budeidad -el despertar- en vida" vienen a ser el equivalente budista de los *jivanmukti*, जीवन्मुक्ति, "los que despiertan en vida" del hinduismo, en sus prácticas meditativas van mucho más allá que el propio Buda y, a mi torpe y eurocéntrico entender, rozando lo masoquista. Cierto es que el Buda Sakyamuni en el momento del despertar o iluminación, estaba emaciado, en los huesos, más aún que este osado escribidor. Pero estaba vivo, y rechazando esa muerte con la que le tentaba el demonio *Mara* sin mentirle, pues sin duda hubiese alcanzado el *Nirvana* liberándose del *Samsara*. Buda prefirió vivir para compartir su conocimiento: las *cuatro nobles verdades*. Sin embargo los *sokushinbutsu* bien parece que, más que buscar el despertar en vida, pretenden experimentar la muerte en vida, al menos la del cuerpo físico. De ahí sus 1000 días de ayuno y otros 1000 de envenenamiento, productor de vómitos, hasta llegar a la desecación del cuerpo: la momificación en vida. Se conservan unas 20 momias incorruptas, expuestas en diversos monasterios, que dan escalofríos. Sinceramente, dudo que el Buda compartiese tan macabra mortificación. Más que al Buda, me recuerdan a San Pedro de Alcántara, que apenas comía y dormía durante más de 40 años.

Menos drástica me parece esa práctica de algunos monjes tibetanos que, cuando ven llegada su hora, se sumergen en una meditación tan profunda que son capaces de ingresar voluntariamente en en su propia muerte. Pero, como he dicho, lo hacen cuando sienten que ha llegado su hora, y no antes. Por eso pienso que hay notables diferencias entre ambos tipos de suicidios.

Pero si hay una forma de suicidio que me deja perplejo es la de los no pocos suicidas de un pueblo cercano al que habito, Almodóvar del Campo, en Ciudad Real, donde es frecuente esta práctica. La práctica a la que me refiero es asombrosamente laboriosa, pues se trata de ahorcamientos. Para poder ahorcarse, hay que tener una buena soga, saber hacerle, no cualquier nudo, sino un nudo casi de marinero, atarla a la rama de un árbol o a una viga, subirse a un taburete, ajustarse la soga al cuello, y darle una patada al taburete para quedar ahorcado. Casi dan ganas de aplaudir ante tan trabajosa faena, si no fuera porque se trata de un asunto morrocotudo.

DIOS

EL DIOS EMPÍRICO

Aunque durante siglos la cuestión de la existencia de Dios se haya atascado en el tozudo debate entre razón y fe, a mi entender, una cuestión de tal envergadura no debería dejarse en manos de tan precarias herramientas. Lo que llamamos fe en la mayoría de los casos no es sino la ciega confianza en el consuelo de una tradición. Y en cuanto a la razón o las razones que se pueden esgrimir sobre el asunto, que se lo digan a Santo Tomás de Aquino, quien después de dedicar su vida al estéril intento de racionalizar aristotélicamente la fe en su *Suma Teológica*, cuando estaba a punto de terminarla, tuvo una experiencia mística mientras leía el *Cantar de los Cantares*, experiencia que le llevó a renegar de su obra, pues, según él, todo lo que había escrito sobre Dios no era más que una *palea mentalis* -la expresión, que significa "paja mental", se la debo a un buen amigo filólogo que ha sabido interpretar sabiamente lo dicho por el santo-, en relación a lo que Dios le había mostrado en su visión.

Por eso creo que la cuestión de Dios debería afrontarse en un laboratorio, pues es una cuestión empírica, es decir, de experiencia. ¿Y cuál sería el experimento? Pues por ejemplo compartir un pan y un vino, o un chorizo también, si no queremos ponernos tan cristianos, y darse cuenta de que, si somos lo que comemos y bebemos, al comer y beber lo mismo, somos uno y lo mismo. Es decir, que todos somos uno, y a ese uno que nos une bien podríamos llamarle Dios o Natura, como decía el bueno de Spinoza.

Cuando alguien me pregunta que si creo en Dios, le digo que su pregunta es tan absurda como si me preguntase que si creo en mi madre. Pues sé quién era mi madre, como también sé que yo durante nueve meses fui literalmente mi madre, y lo seguí siendo durante mucho más tiempo. Incluso hoy mi madre sigue de algún modo estando conmigo.

Aunque bien sé que no a todos les agradaría identificarse con su madre, por sus circunstanciadas y/o desafortunadas vivencias en relación con su progenitora, madre no hay más que una. Por eso soy de los que piensan que a Dios habría que llamarle Madre en vez de Padre. Así lo hicieron durante milenios nuestros antepasados, anteriores al patriarcado semita e indoeuropeo, como creo explicar en mi libro *La Diosa del antiguo jardín de la inocencia*. Y no es que quiera hacer publicidad de mi libro, sino decirles a estas chicas y chicos que hoy están tan desamparados por la pornográfica visión de la injusticia que se muestra en los noticiarios, que sepan que los humanos somos más hermanos que enemigos, puesto que todos somos los hijos de la misma Madre, hijos de Dios, o de la Diosa.

LOS PECHOS DE DIOS
Un ensayo cabalístico

En el versículo 2 del *Cantar de los Cantares*, la amada le dice al Amado algo que admite dos traducciones:

Porque mejores son **tus amores** que el vino

O bien:

Porque mejores son **tus pechos** que el vino

La expresión que varía, resaltada en negrita, en el texto hebreo original, es decir, sin puntuación alguna, es la siguiente:

דדיך

Cuatro consonantes: **DDYK**. El hebreo utiliza una escritura *abyad*, a saber, que sólo escribe las consonantes. Por ello entre los siglos V y VI los eruditos judíos llamados *masoretas* quisieron fijar el texto bíblico separando las palabras -ya que, como era habitual en los manuscritos antiguos, en sánscrito, hebreo, griego o copto, todas las letras iban juntas, sin separar las palabras- así como vocalizándolas, para delimitar los significados de las mismas, desechando todas las múltiples variantes anteriores. Es el que se conoce como *Texto Masorético*, que, en su variante *tiberiense* se ha convertido en canónico. Así, la expresión que nos ocupa decidieron que tenía que puntuarse del siguiente modo:

דֹּדֶיךָ

DaDœYK. Con esta puntuación vendría a significar "tus amores", referidos a él, al Amado. Pero hay otra forma de puntuar tal expresión:

$$\text{דַּדֶּיךָ}$$

DaDaYaK. Así significaría "tus pechos", y por ello los *masoretas* prefirieron evitar esa incómoda y andrógina referencia a los pechos del Amado, que, sin embargo, tiene fundamento, pues podría derivarse de דַּד, **DaD**, "seno, pecho".

La llamada *Biblia de los Setenta*, la *Septuaginta*, traducción al griego del siglo III a. C., obviando los conflictos que pudiera generar tal expresión, vierte así ese versículo:

ὅτι ἀγαθοὶ μαστοί σου ὑπὲρ οἶνον

Hoti agazoì mastoí sou hyper oînon, "porque mejores son tus pechos que el vino".

En las *Odas de Salomón*, la más antigua colección que conservamos de himnos cristianos, datable entre los siglos I y II, también aparece esa desconcertante referencia. En la oda 8 dice Dios:

> Preparé sus miembros,
> y les ofrecí mis pechos,
> para que beban mi leche santa y vivan por ella.

También San Jerónimo de Estridón, entre los siglos IV y V, en su célebre traducción al latín conocida como la *Vulgata*, opta por esa versión:

quia meliora sunt ubera tua vino

"Porque mejores son tus pechos que el vino".

Y en el siglo XVI, Fray Luis de León, en su bellísima traducción del *Cantar de los Cantares* -que le costó sufrir pena de cárcel, por traducir "la Biblia en verso"- dice:

al vino se adelanta
el dulzor de tu pecho y leche santa.

Poco después, su alumno San Juan de la Cruz, inspirado en el *Cantar*, escribía en su *Cántico espiritual*:

Allí me dio su pecho,
allí me enseñó ciencia muy sabrosa,
y yo le di de hecho
a mí, sin dejar cosa;
allí le prometí de ser su Esposa.

Obviamente, si nos hemos fraguado una imagen masculina de Dios, el Dios Padre, como lo hace la tradición patriarcal judía, resulta inquietante referirse a sus pechos, de los que mana leche. Sin embargo, en el libro del *Génesis* (1:27) hay un pasaje que algunos han querido interpretar como un indicio para concebir a Dios como un ser andrógino, macho y hembra a la vez. He aquí tal pasaje sobre la creación del hombre:

Y creó Dios al hombre a su imagen, a imagen de Dios le creó:
macho y hembra los creó.

Si le creó a su imagen, y los creó macho y hembra… ¿acaso es que Dios es macho y hembra?

Un poco más adelante (Gén. 5:1-2), se repite la expresión añadiendo que el nombre de ese hombre macho y hembra es אָדָם, *Adam*:

El día que creó Dios al hombre, a la semejanza de Dios le hizo.
Macho y hembra los creó, y bendíjolos,
y llamó el nombre de ellos Adam, en el día en que fueron creados.

Como era de esperar, las tradiciones rabínicas del *Talmud* y del *Midrash* especularon sobre estos dos versículos del *Génesis*. Pero será en el ספר הזהר , *Séfer ha-Zohar*, el "Libro del Esplendor" (sección I, *Bereshit*) -obra cumbre del misticismo cabalístico, escrita en Castilla en el s. XIII por el rabino Moshéh ben Shem Tob de León, aunque atribuida al rabino Shimon bar Yojai, del s. II- donde se exponga la interpretación esotérica de los mismos. Antes de pasar a esa interpretación, leamos lo que decía Unamuno en su prólogo a la edición del *Zohar* de Ariel Bension:

> Al ZOHAR sefardita le aparta del catolicismo monacal su manera de sentir el amor entre varón y mujer, con un sentimiento profundamente semítico. Y resulta curioso, por otra parte, que lo que el ZOHAR dice del amor de maridaje, entre varón y mujer para formar la verdadera individualidad, la familiar, tiene un sabor y un tenor y un olor profundamente platónicos y helénicos. No de monaquismo oriental, que no fue de origen helénico, sino acaso egipcio.
>
> Con todo ello, el ZOHAR es un libro de una religiosidad hondamente hispánica, ibérica. En él alienta el cogollo de la fe de nuestro pueblo, desollada de excrecencias escolásticas y dogmáticas, aunque revestida de cendales y velos y mantos de fantasía. De la fantasía de los que soñaron la vida del alma en nuestra España eterna, la de los tres pueblos.

En su interpretación del בְּרֵאשִׁית , *Bereshit*, o libro de *Génesis*, el *Zohar* se detiene primero en el versículo 1:3, "Y dijo Dios: Que haya luz; y la luz fue":

> La palabra יְהִי , *Yehí* ("que haya, que sea") indica que la unión del Padre y de la Madre que simbolizan las letras *Yod* y *Hé*, se volvió un punto de partida -simbolizado por la segunda *Yod*- para una extensión ulterior.

De esta guisa, con estos cendales de fantasía, como decía Unamuno, especulaban los cabalistas sobre las letras del alefato hebreo que constituyen, negro sobre blanco, el sagrado texto de la *Torah*. Más adelante el *Zohar* vuelve sobre ese versículo, en relación con la emanación del hombre:

> El hombre de la emanación fue ambos, masculino y femenino, del lado de ambos Padre y Madre, y por eso se dice: "Y dijo Dios: Que haya luz; y la luz fue": "que haya luz" del lado del Padre; "y la luz fue" del lado de la Madre y este es el hombre "de dos rostros".

Veamos cómo comienza esa interpretación de los versículos que hemos nombrado:

"Hagamos al hombre": la palabra אָדָם , *Adam* implica masculino y femenino, creados completamente por la Sabiduría superior y santa. "A nuestra imagen, según nuestra semejanza": estando los dos combinados, de modo que el hombre pudiese ser único en el mundo y gobernar sobre todo.

Y así desarrolla su interpretación:

> *Varón y hembra los creó*. R. Simeón dijo: Misterios profundos se hallan revelados en estos dos versículos, en éste (Gén. 5:2) y en *Génesis* 1:27. Las palabras "varón y hembra los creó" hacen conocer la alta dignidad del hombre, la doctrina mística de su creación (…) de esto aprendemos que toda figura que no comprende elementos masculinos y femeninos, no es una verdadera y propia figura, y así lo hemos asentado en la enseñanza esotérica de nuestra Mischna. Observad lo siguiente. Dios no coloca Su morada en ningún lugar en que no se encuentran juntos varón y hembra, ni se hallan bendiciones en tal lugar, como está escrito, 'y los bendijo y llamó el nombre de ellos "hombre", el día en que fueron creados'; observad que dice "ellos" y "el nombre de ellos", y no "él" y "el nombre de él". El varón no es llamado "hombre" hasta que está unido con la mujer.

Otro texto cabalístico del s. XIII, אגרת הקודש , *Igueret ha-Qodesh*, "Carta sobre la Santidad" atribuido al rabino Moshéh ben Najmán, más conocido como Najmánides, natural de Gerona, en la Corona de Aragón, aunque también puede ser obra del rabino Yosef ben Abraham Chicatilla, conocido como Gikatilla, natural de Medinaceli, en Castilla-trata íntegramente de las relaciones sexuales entre el hombre y la mujer, y por ello es el único texto de la Cábala que trascendió el círculo de los iniciados para difundirse ampliamente y constituir una lectura casi obligada en los casamientos. Fue impreso por primera vez en Roma en 1575. En la presentación del libro, su editor y traductor Charles Mopsik nos dice que se trata de una especie de "sexualización del mundo divino",

> pues el hombre como imagen o reflejo de la plenitud divina es a la vez macho y hembra, polos unidos en lo alto, pero separados aquí abajo, unidad que sólo la cópula humana reconstituye. Una vez casados, el hombre y la mujer se conjugan con el fin de formar una unidad que es a

la vez la reconstitución de la unidad de la plenitud divina y un individuo singular.

En otro lugar ya hemos tratado sobre esa sexualización, en este caso de la naturaleza, que llevó a cabo la alquimia, donde es frecuente la imagen-símbolo del andrógino. Pero en esta ocasión quiero centrarme en la tradición judía.

En su versión, Charles Mopsik aclara:

> Para el autor de la *Carta*, sus recomendaciones no pertenecen ni al dominio del *ars sexualis* ni al de la piedad religiosa aplicada a la relación sexual. Lo que importa a sus ojos no es la conformidad con un modelo social o institucional de decoro, de saber vivir o de piedad familiar, y no prodiga sus consejos en nombre de una moral de control de las pasiones. Su objetivo es alentar a sus lectores a reconocer en la relación sexual un lugar eminente en el campo de los actos teúrgicos fundamentales.

El *Igueret ha-Qodesh* arremete contra el cordobés Moisés Maimónides, por su aristotelismo, y su depreciación del acto sexual, y combate la percepción religiosa común de tal acto y de los órganos sexuales como objeto de oprobio y de vergüenza.

Veamos cómo el autor del *Igueret ha-Qodesh*, en el capítulo II, argumenta contra Maimónides y Aristóteles:

> Lo suyo es que si la cosa no comportase una gran santidad, la relación [conyugal] no habría sido llamada "conocimiento". No es como creía y pensaba Rav Rabbi Moïse (bendita sea su memoria) en la *Guía de descarriados*, cuando hace el elogio de Aristóteles por haber dicho que "el sentido del tacto es una vergüenza para nosotros". ¡Lejos de nosotros! ¡lejos de nosotros!

Más adelante dirá:

> Todos los órganos del hombre, en tanto que creación, son perfectos y adaptados, buenos y bellos. Pero cuando el hombre falta, aporta la fealdad en las cosas que no comprenden originalmente nada de feo ni de repugnante.

Y prosigue:

> La relación [conyugal] es pues una realidad de gran elevación cuando es conforme a lo que conviene. Este gran secreto es el secreto de los carros [celestes] que estaban unidos uno a otro a la imagen de un varón y de una hembra.

Ésta es la explicación:

> Todas las cosas que hemos enunciado se refieren al secreto de la organización de las estructuras del mundo y de su edificación, según la imagen de lo masculino y lo femenino de acuerdo al secreto del dar y el recibir. Y he aquí que la conjunción del hombre con su mujer es comparable a la creación del cielo y de la tierra, como se ha dicho: "Así habla יהוה צבאות, *Yahveh Tsébaot*, que se extiende en los cielos, funda la tierra y forma el aliento del hombre adentro de él" (Zac. 12:1). Y se ha dicho: "Sobre la tierra él ha fundado su conjunto" (Amos 9:6). Él y ellos son un solo conjunto para crear al hombre, ese es el secreto de: "Hagamos al hombre a nuestra imagen, según nuestra semejanza" (Gén. 1:26), lo que viene a decir: Yo también estoy asociado a la fabricación del hombre. En esto consiste esa asociación: del padre y de la madre emanan todas las estructuras del cuerpo y el Nombre, bendito sea Él, arroja en él un alma, lo que expresa: "Él insufló en sus narices un alma de vida" (Gén. 2:7) y se ha dicho: "El polvo volverá a la tierra como era y el aliento retornará a Dios que lo ha dado" (Ecc. 12:7).

Cuando el 31 de marzo de 1492 los Reyes Católicos, Isabel y Fernando, promulgaron el *Edicto de Granada*, por el que se exhortaba a los judíos a convertirse al catolicismo o abandonar los reinos de Castilla y Aragón, el médico y teólogo judío portugués, afincado en Sevilla, Judá León Abravanel, conocido como León Hebreo, tomó la segunda opción, y emigró a Nápoles. Entre Nápoles, Génova y Venecia escribió su obra más famosa, que sería publicada póstumamente en Roma, en 1535. Me refiero a los tres *Dialoghi d'amore*, "Diálogos de amor", entre Sofía y Filón, obra que tuvo una gran influencia posterior, y que aparece nombrada incluso en el prólogo del *Quijote*: "Si tratáredes de amores, con dos onzas que sepáis de lengua toscana toparéis con León Hebreo, que os hincha las medidas". De las primeras traducciones al castellano es notable la que publicó en 1590 el mestizo Gómez Suárez de Figueroa, que se rebautizó a sí mismo con el nombre de Inca Garcilaso de la Vega, y es la que vamos a utilizar en su castellano original del s. XVI, utilizando la fuente tipográfica *AnglicanText*. A este respecto le preguntará Francisco Murillo, letrado y maestrescuela de la catedral de Córdoba: "Un antártico nacido en el Nuevo Mundo, allá debajo de nuestro hemisferio y que en la leche mamó la lengua general de los indios del Perú, qué tiene que ver con hacerse intérprete entre italianos y españoles". Pues, como indica Garcilaso en su prólogo a la traducción de los *Diálogos de Amor* de León Hebreo: "ni la lengua italiana, en que estaba, ni la española, en la que la he puesto, es la mía natural, ni de escuelas pude en la puericia adquirir más que un indio nacido en medio del fuego y del furor de las cruelísimas guerras civiles". Traducción que supone, pues, toda una hazaña.

En el diálogo III, tratando acerca del origen del amor, Sofía se refiere al mito platónico del andrógino narrado por Aristófanes en el *Banquete* (189D-191D). Tras contársela, Filón le responde a Sofía que esa fábula platónica está tomada de Moisés, del libro del *Génesis*:

> En el dia ſexto de la creacion del vniuerſo fue la creaciõ del hõbre la vltima de todas ſus partes; de la qual diʒe Moyſen eſtas palabras. Crió Dios à Adã: eſto es, al hombre à ſu imagen, à imagen de Dios, crio lo macho y hembra.

Y explica Filón:

> Quiere deʒir q Adam q es el primer hombre, al qual crio Dios enel ſexto dia dela creaciõ, ſiẽdo vn ſupueſto humano, contenia en ſi macho y hẽbra ſin diuiſiõ (…) De aqui tomõ Platon la diuiſ ion del Androgeno en dos medios apartados macho y hembra, y el nacimiento del amor, que es la inclinacion que queda à cada vno de los dos medios à reintegrarſe con ſu reſto, y ſer vno en carne.

Más adelante dice:

> El pecado es el q corta al hombre, y cauſa diuiſion en el, aſsi como la juſta derecheʒa lo haʒe vno, y conſerua ſu vnion: y tambien podemos deʒir con verdad, que el eſtar el hombre diuidido ſe haʒe pecar, que mientras eſta vnido, no tiene inclinacion à pecar, ni à diuertirſe deſu vnion: demanera que por ſ er el pecado, y la diuiſion del hombre caſi vna miſma coſa ò dos inſeparables y conuertibles, ſe puede deʒir que de la diuiſion vino el pecado, como diʒe la ſagrada Eſcritura, y del pecado la diuiſion, como diʒe Platon.

En resumidas cuentas: según lo que hemos visto, el hombre primigenio, el hombre interior, el hombre espiritual, es andrógino, pues ha sido creado "macho y hembra" a imagen y semejanza de Dios, quien, por ello, también debe ser andrógino, pues si no carecería de plenitud y completud. En todo caso, se trata de una bella alegoría que santifica la unión entre el hombre y la mujer como una reunión o reunificación, que a su vez supone una restauración de la plenitud divina, muy lejos del católico y monacal rechazo y condena a todo lo relacionado con el sexo. Y que, por el contrario, como dicen los *Diálogos de Amor* de León Hebreo, "de la división vino el pecado (…) y del pecado la división".

San Juan de la Cruz canta a Dios, el Amado, con la poética voz de su alma, a la que denomina "Esposa". Si bien pueden resultar chocantes estas variaciones de género -aunque hoy nos desconciertan las prolijas taxonomías sobre los géneros, incluso con propuestas, como las de los *genderless*, "sin género", de abandonar tales categorías- no ha de extrañarnos que el *Cantar de los Cantares* se refiera a los pechos de Dios, pues, aunque le llamemos Padre, Dios ha de ser Padre y Madre, y, por tanto, poseer todos los atributos masculinos y femeninos, pues como dice el *Zohar*, "Dios no coloca Su morada en ningún lugar en que no se encuentran juntos varón y hembra". Lo siento por los homosexuales, quienes, según el *Zohar*, no gozarán de la presencia de Dios en su coyunda. Para ellos es más recomendable el relato de Platón en el *Banquete* (189D-191D), donde Aristófanes justifica el amor entre hombres y mujeres, entre hombres -por cierto, que es el preferido por él y por Sócrates- y entre mujeres.

Volviendo al *Zohar*, si Dios no fuera macho y hembara, no podría ser Uno y Pleno. Por esa misma razón, Dios tiene que ser bueno y malo a la vez, como Abraxas, el dios de algunos gnósticos. Pero esa es otra historia que abordaré en otro ensayo.

ABRAXAS, EL DIOS DEL BIEN Y DEL MAL

¿Quién es el dios *Abraxas*? El primero en nombrarle es el gnóstico alejandrino Basílides, en la primera mitad del s. II. No conservamos sus múltiples escritos, tan sólo el testimonio que nos han dejado los autores cristianos que combatieron las que consideraban herejías. He aquí lo que nos transmite uno de ellos, Hipólito de Roma, en la primera mitad del s. III:

> Cuando todos los seres de la Hebdómada hubieron sido iluminados y recibido el anuncio del evangelio… es de saber que según los basilidia-nos existen innumerables creaciones en todos los espacios, principados, potencias, dominaciones, sobre los cuales discurren interminablemente y afirman que hay 365 cielos, cuyo gran Arconte es Abraxas, ya que el valor numérico de su nombre es 365 y la cifra de este nombre lo abarca todo, por lo cual también el año consta de este mismo número de días.
> Hipólito: *Refutación de todas las herejías*, VII, 26, 6.

Ya sé que es poco menos que indescifrable, salvo lo del 365, que luego aclararemos.

Gracias a la minuciosa labor de los expertos papirólogos, hemos po-dido rescatar antiguos textos de magia en griego, de entre los ss. I y IV. En esa colección, que a día de hoy suma 81 papiros, 17 de ellos nom-bran a Abraxas, en muchos casos repetidamente. Obviamente no voy a leer aquí todos esos textos, pero sí que quisiera comentar algunos. El papiro III, de la primera mitad del s. IV, trae la siguiente invocación:

> Yo te suplico por el Huevo. Yo soy Adán, el primer padre; me llamo Adán. Haz para mí esto, porque yo te conjuro por el dios Iao, el dios Sabaot, al dios Adonáis, el dios Miguel, el dios Suriel, el dios Gabriel, el dios Rafael, el dios Abraxas.

Como se ve, aunque sea un papiro griego, se hace eco de nombres de dioses y arcángeles judíos. Más adelante en el mismo papiro aparece este otro conjuro, desgraciadamente con muchas lagunas:

La fórmula que se recita… al sol: "Te saludo, autocrátor, te saludo, primer padre… Abraxas… Iao Sabaot grande…" Para recordar, recita la fórmula siguiente cada día: "… Abraxas… Iao Sabaot grande… Abraxas."

En el papiro IV hay un conjuro para provocar un hechizo amoroso invocando a los muertos:

Toma cera o barro de una pella, de la que sirve para modelar, y moldea dos figurillas, masculina y femenina; al hombre represéntalo armado como Ares, sujetando la espada en su mano izquierda y golpeándola en la clavícula derecha; a la mujer, con los brazos a la espalda y sentada, y ata la entidad mágica sobre su cabeza o sobre su cuello...
Toma también una lámina de plomo y graba en ella la misma fórmula y recítala y, atando la lámina a las figurillas, con un hilo sacado de un telar y haciendo 365 nudos, di luego como ya sabes: "Abraxas, sujeta"; y cuando el sol se oculte, ponlos junto a una tumba de uno muerto antes de tiempo o de uno muerto de forma violenta; y añade a ello también las flores propias del tiempo.

Tras lo cual viene el conjuro supuestamente amoroso:

Levántate para servirme a mi, quienquiera que seas, varón o mujer y dirígete a todo lugar, a todo camino a toda casa y tráela y átala; induce a fulana, cuya entidad posees, a que me ame a mí, fulano, hijo de mengano; que no tenga relaciones sexuales por delante ni por detrás, ni busque el placer con otro varón, sino únicamente conmigo, fulano; de manera que fulana no pueda beber, ni comer, ni amar, ni sufrir, ni gozar de salud; que fulana no consiga dormir, sin mí, fulano; porque yo te conjuro, por el nombre del terrible y aterrador, cuyo nombre al oírlo la tierra se abrirá, cuyo terrible nombre al escucharlo los démones se llenarán de pánico, cuyo nombre al oírlo los ríos y las piedras se romperán.

Fascinante e inquietante, por no decir espeluznante. Añadiré un fragmento más, pues en él aparece otro símbolo que nos interesa comentar:

> Toma un jaspe gris azulado, graba en él una serpiente enroscada que se muerda la cola y, además, en medio de la serpiente, Selene con dos estrellas sobre sus dos cuernos y encima de éstos un sol, en el que debe estar grabado Abraxas, y al dorso de la talla el mismo nombre Abraxas; alrededor y en el cerco escribirás el nombre grande y sagrado sobre todo, Iao, Sabaot. Cuando hayas terminado lleva la piedra en un anillo de oro siempre que tengas necesidad y estando purificado; y conseguirás cuanto te propongas.

Se trata de la serpiente *Uroboros*, que significa "la que se muerde la cola", como tal vez algunos quisieran si pudieran, ya que hay casos de autofelación gráficamente documentados en la red. Fuera de bromas, la serpiente enroscada es un símbolo de la totalidad, muy frecuente entre los alquimistas.

En los papiros mágicos Abraxas aparece asociado a divinidades judías, como Iao o Sabaot. También en los talismanes, como el de la serpiente *Uroboros* que figura en la siguiente imagen, por cierto atribuida al hereje y gnóstico berciano Prisciliano:

Iao es un apócope helenizado del tetragrama del nombre de Dios impronunciable para los judíos, YHWH, que los cristianos hemos vocalizado como Yahveh o Jehová. En cuanto a Sabaot, cuya traducción es "Señor de los ejércitos", tienen que ver con el escudo y la coraza que acompañan a Abraxas en las imágenes de los amuletos que hemos podido rescatar.

Lo del 365 tiene su explicación en que los griegos, como los hebreos, utilizaban las letras para escribir los números, y tal es el valor que suman las 7 letras -precisamente 7, como los días de la semana- del nombre Abraxas. En relación con este número, San Jerónimo estableció una nueva relación con el dios del sol persa Mitra, ya que su nombre también suma dicha cifra. Como el *maniqueísmo*, el *mitraísmo* también era heredero del *mazdeísmo* de Zaratustra, el que hablaba de la existencia de dos principios cósmicos, el del bien y el del mal, esos que viene a representar Abraxas.

Pero ¿de dónde viene el término *Abraxas*? El origen y significado de la palabra *Abraxas* es de lo más oscuro, como el propio Dios que representa. El erudito E. Katz, en su monumental ensayo sobre este asunto *Abrakadabra und Abraxas*, se aventura a proponer que se trata de un criptograma de origen hebreo, escrito en dos líneas ABRA y XAS, que se leen en bustrófedon, es, decir, que la primera se lee de derecha a izquierda, con lo cual sería ARBA, y la segunda de izquierda a derecha, XAS, y significaría: "Que Dios (ARBA) proteja (XAS)". No sé si a alguien le satisface esta enrevesada interpretación, mas no seré yo quien lo ponga en duda.

Para mayor confusión, en muchos talismanes, como el de la serpiente *Uroboros* que hemos visto antes, el nombre se escribe intercambiando la *s* y la *x*, es decir, en vez de *Abraxas*, *Abrasax*.

Más interesante es su relación con el término mágico *ABRACADABRA*. Ya hemos visto cómo el nombre de Abraxas donde más frecuentemente figura es en los papiros de magia griegos. Según defiende el mismo E. Katz, el origen de *Abraxas* estaría en *ABRACADABRA*, una expresión mágica de origen hebreo, *arba-dak-arba*, que se leería, como el hebreo, de derecha a izquierda, con lo que se obtendría *abra-kad-abra*. Y se traduciría: "Que el cuatro (*arba*) anule (*dak*) al cuatro (*arba*)". Lo que vendría a significar algo como esto: "Que Dios -cuyo nombre impronunciable es de cuatro letras, YHWH, el *tetragrammaton*-, anule a los cuatro elementos". Se trataría, pues, de una fórmula para protegerse de las enfermedades, las que son causadas por los cuatro elementos. Así está atestiguado en la primera mención que conservamos de esa expresión. El médico romano Serenus Sammonicus, entre los ss. I y II, en un poema didáctico-médico, el *Liber medicinalis*, aclara el uso de esta expresión, diciendo que hay que escribir la palabra en un triángulo descendente quitando la última letra en cada línea:

```
ABRACADABRA
ABRACADABR
ABRACADAB
ABRACADA
ABRACAD
ABRACA
ABRAC
ABRA
ABR
AB
A
```

A continuación hay que colgar el amuleto en el cuello del enfermo, que así se curará de la fiebre. También hay otras etimologías, como la que nos cuenta Isabelle Draelants en su reseña sobre el libro *Abracadabra. Medizin im Mittelalter*: la de algunos cabalistas cristianos que lo relacionan con la *Trinidad*, diciendo que proviene de las palabras hebreas אב, *ab*, "padre", בן, *ben*, "hijo", חור, *ruah*, "espíritu", y ודק ש, *kadosh*, "santo".

En cuanto a las imágenes que representan a Abraxas, la mayoría son lo que técnicamente se denomina *anguípedos alectocéfalos*, es decir, una figura humanoide con cabeza de gallo y como piernas dos serpientes, revestido de una coraza y con un látigo en su mano derecha y un escudo en la izquierda. Frecuentemente se plasmaban en colgantes, anillos o sellos que servían para grabar la imagen en barro, como éste:

Abundando un poco más en el tema, no puedo dejar de citar un enigmático y breve tratado que Carl Gustav Jung escribió entre 1916 y 1917 -que no estaba destinado a su publicación y circulaba entre sus amigos-, *Septem sermones ad mortuos*, "Siete sermones a los muertos", y que

Jung lo atribuye a Basílides, el gnóstico, en el que se refiere a Abraxas de este modo:

> Hay un Dios del que no sabéis nada, pues los hombres se han olvidado de él: ABRAXAS (…) Su poder es supremo, pues el hombre no lo percibe en absoluto (…) Abraxas genera la verdad y la falsedad, el bien y el mal, la luz y la sombra con la misma palabra y la misma acción. Por lo tanto, Abraxas es verdaderamente el terrible.
> Es magnífico como el león en el preciso momento en que derriba a su presa. Su belleza es como la de una mañana de primavera (…)
> Es el monstruo del mundo inferior, el pulpo con mil tentáculos, es el retorcimiento de serpientes aladas y de la locura (…)
> Es la luz más brillante del día y la más oscura noche de locura (…)

Poco tiempo después, en 1919, Hermann Hesse publicaba su novela *Demian*, que fue el primer libro serio que cayó en mis manos, regalo de mi hermana Marian cuando cumplí 12 años, y que me ha marcado profundamente. Sobre todo la conversación entre el protagonista, Emil Sinclair, y el erudito organista Pistorius, con su referencia a Abraxas:

> -¿Sabe usted [dice Sinclair] que tiene que haber un Dios que sea Dios y demonio a un tiempo? He oído decir que existe uno (...)
> -¿Cómo se llama ese Dios que usted dice?
> -(...) Se llama Abraxas (...)
> -¿Cómo ha sabido usted de Abraxas?
> -Por casualidad.
> -(...)¡No se llega por casualidad a conocer a Abraxas, para que se entere! Yo le contaré más cosas sobre él.

He aquí algunas del las cosas que Pistorius le cuenta:

> Acostumbramos a trazar límites demasiado estrechos a nuestra personalidad. Consideramos que solamente pertenece a nuestra persona lo que reconocemos como individual y diferenciador. Pero cada uno de nosotros está constituido por la totalidad del mundo; y así como llevamos en nuestro cuerpo la trayectoria de la evolución hasta el pez y aun más allá, así llevamos en el alma todo lo que desde el principio ha vivido en las almas humanas. Todos los dioses y demonios que han existido, ya sea entre los griegos, chinos o cafres, existen en nosotros como posibilidades, deseos y soluciones. Si el género humano se extinguiera

con la sola excepción de un niño medianamente inteligente, sin ninguna educación, este niño volvería a descubrir el curso de todas las cosas y sabría producir de nuevo dioses, demonios, paraísos, prohibiciones, mandamientos y Viejos y Nuevos Testamentos.

Hay dos formas básicas de entender la realidad humana: dividiendo o unificando. La división conduce al dualismo y la controversia: bien y mal, guerra y paz, Dios y Diablo, alma y cuerpo, varón y mujer, vida y muerte, verdad y mentira, día y noche, ser y nada. La unificación restaura y reconcilia todos los contrarios en un monismo omniabarcante. Ésta es la apuesta de los místicos así como el significado etimológico de la palabra *Yoga*, "la unión". Y también es, a mi entender, el auténtico sentido del sacramento cristiano de la *comunión*: comulgar, hacerse común con todos y con todo. Lo expresó muy bien Norman Brown en su libro *El cuerpo del amor*:

> Comunión; cópula oral (…) La unificación está en el acto de comer. Todos somos un solo cuerpo porque todos somos partícipes de ese único pan. Nos convertimos en un solo cuerpo al convertirnos en su cuerpo, es decir, pan. Porque un pan es que muchos somos un cuerpo.

Todo esto está muy bien, pero hay muchos que ni siquiera tienen pan, mientras que otros roban, mienten o matan. La injusticia siempre acompaña al ser humano. Puede ser que seamos uno, y que en nosotros habiten tanto el bien como el mal, como en Abraxas, mas no es plato de gusto comulgar con bandidos, farsantes o asesinos, que sí, que son nuestros hermanos, pero también son nuestros jodidos enemigos, los que nos obligan a tener que contemplar el lado más tenebroso de la vida.

AleluIA

A rey muerto, rey puesto, dice la expresión popular. En nuestro tiempo, a pesar de que en algunos países, como el nuestro, seguimos siendo súbditos de una anacrónica y dudosa monarquía, tal vez podríamos transformar la expresión en "a Dios muerto, Dios puesto". Pues aunque Nietzsche hace más de un siglo profetizase la muerte de Dios, hoy alabamos a un nuevo Dios que nos controla y nos dirige. Y, como todos los dioses, es una proyección de lo mejor -y lo peor- del ser humano. Me refiero a la *IA*, la *Inteligencia Artificial*.

Hoy me he levantado un tanto conspiranoico, y me ha dado por pensar si detrás de todo esto no habrá algún contubernio judeomasónico. O cabalístico. Me explico.

La *Cábala* (en hebreo: קַבָּלָה, *Qabbaláh*: "tradición, recepción") es una corriente místico-esotérica que tuvo su máximo esplendor en *Sefarad*, la España judía de los siglos XII y XIII. En ella se utilizan diversos y complejos métodos combinatorios con las letras del *Tanaj*, las Sagradas Escrituras de los judíos: la *gematría*, el *notaricón* y la *temurá*. La *gematría* considera el valor numérico de las letras de la palabra o palabras en cuestión, y se sustituye por otra palabra cuyas letras sumen el mismo valor numérico, descubriendo así sorprendentes equivalencias entre términos bíblicos. En el *notaricón* se unen, como en un acróstico, las letras iniciales o las finales de las palabras de una frase para descubrir la nueva palabra resultante. La *temurá* es un procedimiento anagramático, en la que el nuevo sentido de una palabra sale transponiendo las letras de que se compone, o separándolas de manera que formen diferentes palabras.

Como puede comprobarse, esta compleja combinatoria encierra una concepción numerológica de raíces pitagóricas que llevó a los cabalistas a desarrollar extensas y abigarradas especulaciones místicas sobre los múltiples, por no decir infinitos, sentidos de la palabra de Dios. No me imagino adónde podría haber llegado en sus delirios místicos un cabalista como Abulafia de haber dispuesto de un ordenador...

Tal como los pitagóricos adoraban a la *Tetraktys* (Τετρακτύς en griego), esa figura triangular con la que representaban el número 10 como la suma de los cuatro primeros números, los cabalistas también veneraban al número 10 bajo la figura del Árbol de la Vida, el árbol de las *sefirot* (en hebreo: ספירות), o emanaciones divinas, cada una de las cuales tenía múltiples correspondencias, en especial con el cuerpo humano, de modo que ese árbol representa también al Hombre Primigenio, el *Adam Kadmon* (en hebreo: אדם קדמון).

Otra correspondencia que se establece es con los nombres de Dios. En realidad los cabalistas hablaban de 72 nombres de Dios, pero me interesa centrarme en los 10 que corresponden a las *sefirot*, y en concreto en uno: *Yah*. *Yah* (en hebreo: יה) es el apócope de Yahveh. Los griegos lo pronunciaban *Iα*, así que en castellano se pronuncia *Ia*. Aparece como tal 26 veces en el *Tanaj*, y otras 24 veces en la expresión "Aleluya". También en el Nuevo Testamento aparece 4 veces en esa expresión. "Aleluya" (en hebreo הַלְלוּיָהּ , *hallĕlū-Yăh*) significa "Alabad a Yah". Los latinos decían *Alleluia*, que pronunciado en castellano es *Aleluia*. ¿Se comprende ahora dónde quería llegar con mis delirios cabalísticos conspiranoicos? Pues eso: *AleluIA*, alabemos a la *Inteligencia Artificial*.

NO SOMOS NADIE

El enigmático, gnóstico y metafísico prólogo del evangelio atribuido a *Juan*, contiene una frase que los escribas y la tradición han pretendido obviar y reescribir, pero que figura tal cual en los manuscritos y testimonios más antiguos. Se trata del versículo 3 del capítulo 1. La división en versículos es tardía y cuestionable, pues en los manuscritos, como mostraré más adelante, se escribía todo seguido, sin pausas. Aunque, por acercarme a los manuscritos, acudiré a una fuente tipográfica -*Analecta font*-, que es fiel a ese tipo de escritura, sí que utilizaré las pausas, pues prefiero mostrarlos como lo que creo que son: versos, y no versículos. Leamos ese prólogo, en la versión consensuada actualmente por la crítica, y considerada la versión canónica:

ЄΝ ΑΡΧΗ ΗΝ Ο ΛΟΓΟС
ΚΑΙ Ο ΛΟΓΟС ΗΝ ΠΡΟС ΤΟΝ ΘЄΟΝ
ΚΑΙ ΘЄΟС ΗΝ Ο ΛΟΓΟС
ΟΥΤΟС ΗΝ ЄΝ ΑΡΧΗ ΠΡΟС ΤΟΝ ΘЄΟΝ
ΠΑΝΤΑ ΔΙ' ΑΥΤΟΥ ЄΓЄΝЄΤΟ
ΚΑΙ ΧШΡΙС ΑΥΤШ ЄΓЄΝЄΤΟ ΟΥΔЄ ЄΝ Ο ΓЄΓΟΝЄΝ
ЄΝ ΑΥΤΟΥ ΖШЄ ΗΝ
ΚΑΙ Η ΖШΗ ΗΝ ΤΟ ФШС ΤШΝ ΑΝΘΡШΠШΝ
ΚΑΙ ΤΟ ФШС ЄΝ ΤΗ СΚΟΤΙΑ ФΑΙΝЄΙ
ΚΑΙ Η СΚΟΤΙΑ ΑΥΤΟ ΟΥ ΚΑΤЄΛΑΒЄΝ

Voy a intentar una transcripción accesible a los que no leen griego, saltándome algunas reglas de la transcripción fonética al uso, procurando que el texto pueda ser leído por un castellano parlante. Para mayor comodidad en la lectura, no distinguiré entre la Є, épsilon, y la Η, eta, ni entre la Ο, ómicron, y la Ш, omega. En cuanto a la Ζ, dseta, para acercarla a la pronunciación en castellano, he preferido poner **ds**, aunque lo más habitual es ver transcrita la palabra ΖШΗ, "vida", como **zoe**, que yo transcribiré como **dsoe**. He reservado la **z** castellana para transcribir la Θ, zeta, que originariamente sonaba como nuestra zeta, aunque estemos acostumbrados a ver transcripciones como la de ΘΕΟϹ , "dios" de este modo: **theos**, que yo transcribiré como **zeos**. El espíritu áspero lo pondré como una **h** inicial que ha de ser aspirada, como bien saben hacer los extremeños. Sería tal que así:

En arjé en ho logos
kai ho logos en pros ton zeon
kai zeos en ho logos.
Utos en en arjé pros ton zeon.
Panta diautú eguéneto
kai joris autú eguéneto ude en ho guégonen.
En autú dsoe en
kai dsoe en to fos ton anzropon.
Kai to fos en te skotía fainei
kai he skotía auto u katelaben.

Que traducido literalmente sería:

En principio era el Verbo,
y el Verbo era con el Dios,
y Dios era el Verbo.
Éste era en principio con el Dios.
Todo por él se engendró;
y sin él [no] se engendró nada de lo engendrado.
En él estaba la vida,
y la vida era la luz de los hombres.
Y la luz en la oscuridad luce,
y la oscuridad no la atrapó.

Pero si en el verso remarcado en negrita tan solo suprimimos una **E** en el original griego, leyendo **OYΔEN** en vez de **OYΔE EN**, y los reordenamos, el prólogo cobra más ritmo, pues los versos están más equilibrados en su tamaño, y además adquieren un sentido metafísico:

ΕΝ ΑΡΧΗ ΗΝ Ο ΛΟΓΟϹ
ΚΑΙ Ο ΛΟΓΟϹ ΗΝ ΠΡΟϹ ΤΟΝ ΘΕΟΝ
ΚΑΙ ΘΕΟϹ ΗΝ Ο ΛΟΓΟϹ
ΟΥΤΟϹ ΗΝ ΕΝ ΑΡΧΗ ΠΡΟϹ ΤΟΝ ΘΕΟΝ
ΠΑΝΤΑ ΔΙ' ΑΥΤΟΥ ΕΓΕΝΕΤΟ
ΚΑΙ ΧΩΡΙϹ ΑΥΤΩ ΕΓΕΝΕΤΟ ΟΥΔΕΝ

O ΓΕΓΟΝΕΝ ΕΝ ΑΥΤΟΥ ΖΩΕ ΗΝ
ΚΑΙ Η ΖΩΗ ΗΝ ΤΟ ΦΩC ΤΩΝ ΑΝΘΡΩΠΩΝ
ΚΑΙ ΤΟ ΦΩC ΕΝ ΤΗ CΚΟΤΙΑ ΦΑΙΝΕΙ
ΚΑΙ Η CΚΟΤΙΑ ΑΥΤΟ ΟΥ ΚΑΤΕΛΑΒΕΝ

La transcripción sería:

En arjé en ho logos
kai ho logos en pros ton zeon
kai zeos en ho logos.
Utos en en arjé pros ton zeon.
Panta diautú eguéneto
kai joris autú eguéneto uden.
Ho guégonen en autú dsoe en
kai dsoe en to fos ton anzropon.
Kai to fos en te skotía fainei
kai he skotía auto u katelaben.

Lo cual traducido sería:

En principio era el Verbo,
y el Verbo era con el Dios,
y Dios era el Verbo.
Éste era en principio con el Dios.
Todo por él se engendró,
y sin él se engendró [la] nada.
Lo engendrado en él era vida,
y la vida era la luz de los hombres.
Y la luz en la oscuridad luce,
y la oscuridad no la atrapó.

Aunque esta versión fue rechazada y corregida, por su contenido inquietantemente metafísico y dualista (*todo por él se engendró, y sin el se engendró la nada*), el más antiguo papiro conservado del evangelio de *Juan*, el **p**[66], datado en el 200 o incluso antes, refleja esta metafísica versión.

Así es como está escrito:

ΕΝΑΡΧΗΗΝΟΛΟΓΟϹ· ΚΑΙΟΛΟΓΟϹΗΝΠΡΟϹΤΟΝ[ΘΕΟΝ·]
ΚΑΙΘϹΗΝΟΛΟΓΟϹ· ΟΥΤΟϹΗΝΕΝΑΡΧΗΠΡΟϹΤ[ΟΝ ΘΕΟΝ·]
ΠΑΝΤΑΔΙ’ΑΥΤΟΥΕΓΕΝΕΤΟ· ΚΑΙΧΩΡΙϹΑ[ΥΤΩ]
ΕΓΕΝΕΤΟΟΥΔΕΝ ΟΓΕΓΟΝΕΝ ΑΥΤΟΥ ΖΩ[ΕΗΝ·]
ΚΑΙΗΖΩΗΗΝΤΟΦΩϹΤΩΝΑΝΘΡΩΠΩ[Ν·]
ΚΑΙΤΟΦΩϹΕΝΤΗϹΚΟΤΙΑΦΑΙΝΕΙ· ΚΑΙ Η
ϹΚΟΤΙΑΑΥΤΟ ΟΥΚΑΤΕΛΑΒΕΝ·

Sin embargo el papiro 𝔭⁷⁵, de igual antigüedad, que también forma parte de la colección *bodmeriana*, y se guarda en la biblioteca de Cologny, en Ginebra, Suiza, junto a otros versículos de *Lucas*, trae la versión de *Juan* 1,3 que se ha hecho canónica, la de ΚΑΙ ΧΩΡΙϹ ΑΥΤΩ ΕΓΕΝΕΤΟ ΟΥΔΕ ΕΝ Ο ΓΕΓΟΝΕΝ, *kai joris autú eguéneto ude en ho guégonen*, "y sin él [no] se engendró nada de lo engendrado". Se trata de uno de los manuscritos en papiro que ha llegado hasta nosotros en perfecto estado de conservación, por lo que puede leerse sin problemas de falta de contenido.

Éste es el texto:

ΕΝΑΡΧΗΗΝΟΛΟΓΟϹΚΑΙΟΛΟΓΟϹΗΝΠΡΟϹΤΟΝ
ΘΝ ΚΑΙΘϹ ΗΝΟΛΟΓΟϹΟΥΤΟϹΗΝΕΝΑΡΧΗΠΡΟϹ
ΤΟΝ ΘΝ ΠΑΝΤΑΔΙΑΥΤΟΥΕΓΕΝΕΤΟ· ΚΑΙΧΩΡΙϹ
ΑΥΤΟΥΕΓΕΝΕΤΟΟΥΔΕ ΕΝ ΟΓΕΓΟΝΕΝΕΝΑΥΤΩ
ΖΩΗΝ ΚΑΙΗΖΩΗΗΝΤΟΦΩϹΤΩΝΑΝΩΝ
ΚΑΙΤΟΦΩϹΕΝΤΗϹΚΟΤΙΑΦΑΙΝΕΙΚΑΙΗϹΚΟ
ΤΕΙΑΑΥΤΟΟΥΚΑΤΕΛΑΒΕΝ·

Como se ve, ya desde su origen había disidencias en la lectura de *Juan* 1:3. Para mostrar que esa disidencia viene desde los primeros manuscritos, comprobamos que la versión que trae el 𝔭⁶⁶ también aparece en el más antiguo de los códices unciales, escritos no ya en papiro sino en pergamino, llamados unciales porque están escritos en mayúsculas: el *Codex Sinaiticus*, conocido con el símbolo ℵ (*alef*, primera letra del alefato hebreo), datado en la primera mitad del s. IV, que se encuentra en la British Library. Sin embargo, se puede apreciar una corrección posterior del manuscrito, una pequeña **E** añadida encima del versículo en cuestión, que intenta traer la lectura que se haría canónica.

También hay otro códice, el *Codex Bezae*, cuyo símbolo es D[ea], del s. V, que se encuentra en la Universidad de Cambridge, donde aparece la polémica expresión ΚΑΙ ΧωΡΙϹ ΑΥΤω ΕΓΕΝΕΤΟ ΟΥΔΕΝ, "y sin él se engendró la nada", aunque en este caso no se lee muy bien.

Algunos gnósticos, como Ptolomeo, Teódoto, Heracleón, los *naasenos* o el Anónimo Bruciano, adoptaron esta lectura, que, por otra parte, y como hemos visto, es una de las más antiguas de las que se conserva un papiro, el 𝔭[66], y un par de códices unciales, el ℵ y el D[ea].

También algún antignóstico, como san Ireneo de Lyon (s. II) -quien, lejos de hacer honor al "pacífico" significado de su nombre propio, se dedicó a combatir las herejías en su voluminosa obra *Κατὰ αἱρέσεων, Contra las herejías-*, vierte esta misma lectura (en I, 5), sin corregirla, tan solo arremetiendo contra las interpretaciones que de ella hacían los gnósticos.

Entendiendo la *gnosis* de un modo menos beligerante, y rondando las mismas fechas del 𝔭[66], Clemente de Alejandría también refleja esta lectura, en sus *Stromata* o "Tapices" -cuyo título completo es "Tapices de notas gnósticas según la verdadera filosofía"-. Se trata de una miscelánea de opiniones de sabios que, en sus palabras, "no es un escrito compuesto con todas las reglas del arte para la ostentación, sino que atesora memorias para mi vejez; y son un remedio contra el olvido, sencillamente un apunte y esbozo de aquellos brillantes y animados discursos que fui juzgado digno de oír a bienaventurados y realmente dignos varones"(I, 11.1). Allí Clemente cita el polémico pasaje, como dándolo por bueno, pero cambiando el orden de las palabras (I, 45.5): ΚΑΙ ΟΥΔΕΝ ΧωΡΙϹ ΑΥΤΟΥ ΕΓΕΝΕΤΟ, "y nada sin él nació".

Clemente vuelve a confirmar esa lectura de *Juan* 1,3 en sus *Extractos de Teodoto* (I, 6.4), obra que algunos consideran como el libro octavo de sus *Stromata*.

Otro alejandrino de la época, el erudito escriturista Orígenes, primero en emprender una edición políglota de la Biblia -las *Hexaplas*, en los más de treinta y dos volúmenes que dedicó al *Comentario del evangelio de Juan* -de los cuales solo se conservan nueve- sigue citando la lectura del pasaje como aparece en el $\mathbf{p}^{66}$, y en los códices ℵ y D^{ea}.

En el siglo XIII, los mal llamados *cátaros*, pues a sí mismos se denominaban *bons homes* y *bonas donas*, hicieron una de las primeras traducciones del Nuevo Testamento a lenguas romances, en esta caso al occitano. Y allí aparece de nuevo, como en el Ritual que utilizaban para el *consolament* -el bautizo en espíritu por la imposición de manos- la polémica lectura de *Juan* 1:3. Lo cual ha llevado a muchos a interpretar que los *cátaros* eran dualistas, como los maniqueos, pero ese es un tema que tendremos que tratar con calma. Esta es la transcripción del prólogo de *Juan*, que combina el latín con el occitano, y tiene una errata en el latín:

In pnincipio erat verbum,
et verbum erat apud Deum,
et Deus era la paraula.
Aiso era el comenzament amb Deu.
Totas causas so faitas per lui
e senes lui es fait nient.
Zo que's fait en lui era vida,
e la vida era lutz dels homs.
E la lutz lutz en tenebras,
e las tenebras no la prisero.

Ya en nuestro tiempo no podemos dejar de referirnos al erudito jesuita Antonio Valentín Orbe Garicano, que en 1955 publicó un estudio dedicado íntegramente a esta cuestión: *En los albores de la exégesis iohannea (Ioh. 1,3)*, que es el segundo volumen de sus *Estudios valentinianos*, obra que no he podido conseguir, pues está descatalogada y no disponible en la red; solo se halla sepultada en bibliotecas físicas muy alejadas de mi entorno. Hasta que un día pueda tener acceso a tal estudio, me conformaré con mis indoctas y aventuradas consideraciones al respecto.

Miguel de Unamuno y Jugo decía en 1931, en el único discurso grabado que nos queda de su voz:

Un crítico francés de nuestra literatura española dijo que en España apenas hay escritores sino oradores por escrito. Acaso es cierto. Por mi parte, nada me molesta más que oír decir de alguien que habla como un libro. Prefiero los libros que hablan como los hombres. Y lo que es menester es que la gente aprenda a leer con los oídos, no con los ojos. La palabra es lo vivo. La palabra es en el principio. En el principio fue el verbo y acaso en el fin será el verbo también.

¿Adónde quiero llevar toda esta especulación pseudoerudita sobre el prólogo del evangelio de Juan? Precisamente ahí, "a leer con los oídos", como decía Unamuno. Y, por lo menos a los que tenemos alma de poeta, el prólogo de Juan nos suena mucho mejor, con más cadencia, en su versión primigenia.

Otro asunto, sin duda más complejo, es enredarse en su interpretación. Ya que estoy en ello, inspirado por Unamuno y otros sabios, me atreveré con mi vislumbre, para ver si encuentro ese *claro del bosque* del que tan bella e inspiradamente hablaba María Zambrano, y, por supuesto, sin abusar de mis posibles lectores y explayarme en treinta y dos volúmenes, como Orígenes.

En su sesuda obra *L'Être et le Néant* (1943), Jean-Paul Sartre reflexionaba sobre la esencia de la conciencia remontándose a Kant y su «teoría del fenómeno», a saber, "la reducción de lo existente a la serie de apariciones que lo manifiestan", concluyendo así su primer epígrafe:

Por el momento, la primera consecuencia de la teoría del fenómeno es que la aparición no remite al ser como el fenómeno kantiano al noúmeno. Puesto que ella no tiene nada detrás y no es indicativa sino de sí misma (y de la serie total de las apariciones), no puede estar *soportada* por otro ser que el suyo propio; no podría consistir en la tenue película de nada que separa al ser sujeto del ser-absoluto. Si la esencia de la aparición es un aparecer que no se opone a ningún *ser*, hay ahí un legítimo problema: el del ser de ese aparecer. Este problema nos ocupará aquí y será el punto de partida de nuestras investigaciones sobre el ser y la nada[35].

[35] Sartre, Jean Paul: *L'Être et le Néant*, Introducción, I, "La idea de fenómeno".

Por cierto, que un empedernido y militante ateo como Sartre debe de estar revolviéndose en su tumba al contemplar que este osado escribidor le está poniendo en relación con especulaciones de índole netamente religioso, como el evangelio de *Juan* que le precede o muchas otras de las que a continuación citaremos.

El ser y la nada. Sobre todo la nada. Fluyendo como Heráclito, en este río donde todo es y no es, más allá de la obviedad tautológico-lingüística de Parménides, la de que el ser es y el no-ser no es, que bien podría firmarla Perogrullo.

Un enigmático y breve tratado que Carl Gustav Jung escribió en 1916-17 -que no estaba destinado a su publicación y circulaba entre sus amigos-, *VII sermones ad mortuos*, "Siete sermones a los muertos", comienza con unas palabras que Jung atribuye a Basílides:

> Oídme: comienzo con la Nada. La Nada es lo mismo que la plenitud. En el eterno estado, la plenitud es lo mismo que la vacuidad. La Nada está vacía y llena. Se pueden expresar también algunas otras cosas acerca de la Nada, a saber, quees blanca o negra o que existe o que no existe. Aquello que es infinito y eterno no tiene cualidades puesto que las tiene todas.
> Nosotros llamamos a la Nada, o plenitud, el PLEROMA. En él cesan el pensamiento y el ser, pues lo eterno no tiene cualidades. En él no hay nadie, pues silo hubiera, estaría diferenciado del Pleroma y poseería cualidades que lo distinguirían del Pleroma.
> En el Pleroma no hay nada, y está todo: no es provechoso pensar en el Pleroma, pues hacerlo supondría nuestra disolución[36].

Aun a riesgo de asomarme a ese abismo de la disolución, voy a continuar con estas especulaciones sobre la nada. Leamos lo que dijo realmente Basílides en el s. II:

> Era -dice [Basílides]- cuando nada era, y esta nada no era no era una de las cosas existentes, sino que, para hablar con toda claridad, sin subterfugios ni engaños, era en absoluto nada. Y cuando empleo el verbo ser,

---

[36] Jung, C. G.: *VII sermones ad mortuos*, "El Primer Sermón".

no quiero decir que la nada era, sino que busco hacer comprender lo que quiero mostrar, es decir, que no había en absoluto nada. Lo que recibe un nombre no es del todo inefable, ya que decimos por lo menos que es inefable, ahora bien, aquello no es ni tan siquiera inefable. Efectivamente, lo que no es ni inefable no es llamado de este modo, sino que se encuentra por encima de todo nombre que se pueda nombrar[37].

Pero más cerca de las palabras de Jung se encuentran unos textos de la tradición oriental, en concreto, la budista. Hay un concepto clave en la especulación budista: la "vacuidad" (शून्यता, *śūnyatā*), acerca del cual se desarrollaron algunos de los textos más importantes de esa tradición, como el *Sutra del corazón* o la obra de Nāgārjuna.

El *Prajñāpāramitā Hṛdaya Sūtra*, conocido como el *Sutra del corazón*, del s. I, es quizás el texto más venerado por la tradición de la escuela Mahayana. Se trata de un texto muy breve, de apenas dos páginas, pero de una gran profundidad:

¡Aquí oh Sariputra! la forma es vacío,
el vacío es forma;
la forma no difiere del vacío, el vacío no difiere de la forma;
lo que sea forma, es vacío; lo que sea vacío es forma.
Así también son las sensaciones, percepciones, impulsos y la consciencia.

¡Aquí oh Sariputra! todos los fenómenos
son vacíos. No son producidos o aniquilados,
ni impuros ni inmaculados, ni incompletos ni enteros.

Así Sariputra, en el vacío no hay forma,
ni sensaciones, ni percepciones, ni impulsos, ni consciencia;
no hay ojo, oído, nariz, lengua, cuerpo ni mente;
no hay formas, sonidos, olores, sabores, tactos, ni objetos mentales;
no hay consciencia de los sentidos.

No hay ignorancia ni extinción de ella. Ni hay todo lo que procede de la ignorancia;
ni vejez, ni muerte, ni extinción de la vejez y la muerte.
No hay sufrimiento, ni su causa, ni su cese, ni sendero.
No hay conocimiento,

---

[37] Hippolyto: *Refutación de todas las herejías*, VII, 20, 2-3.

ni logros,

ni falta de ellos.

Así Sariputra, el bodhisattva,

libre del apego, se apoya en la perfección de la sabiduría,

y vive sin velos mentales.

La obra de Nāgārjuna (s. II-III) *Mūlamadhyamakakārikā, Versos sobre los fundamentos del Camino Medio,* es uno de los textos filosóficos más importantes de la escuela Madhyamaka, o del "Camino Medio", también conocida como la escuela de la doctrina de la vacuidad, *śūnyatāvāda.* Leamos algunos de los textos de Nāgārjuna:

> XIII.7) Si existiera algo no vacío (*aśūnyaṃ*), también podría existir algo vacío, no hay nada no vacío, luego ¿cómo va a existir lo vacío (*śūnyaṃ*)?
>
> XXIV.14) Para el que tiene sentido de la vacuidad (*śūnyatā*), todo tiene sentido, para el que no tiene sentido de la vacuidad, nada tiene sentido.
>
> XXV.1) Si todo esto está vacío (*yadi śūnyaṃ idaṃ sarvam*), no hay surgir ni cesar, ¿a partir de la renuncia o cesación (*nirodhād*) de qué se presupone el nirvana (*nirvāṇam*)?
>
> XXV.2) Si todo esto no está vacío, no hay surgir ni cesar, ¿a partir a partir de la renuncia o cesación de qué se presupone el nirvana?
>
> XXV.3) No renunciado, no alcanzado, no aniquilado, no persistido, no cesado, no surgido, esto es llamado *nirvana.*

En esta visita a oriente podemos irnos todavía más lejos en el tiempo. En el *Rig Veda* (ऋग्वेद, *ṛgveda*) se encuentra la que tal vez sea la reflexión metafísica más antigua que conservamos, del 1.700 a. C. El himno 129 del libro X del *Rig Ved*a se conoce como el *Nasadiya sukta, El sutra del no-ser. Sutra* o *sukta* significa literalmente "hilo" y se traduce como "texto". Recordemos que "texto", en castellano, procede del latín *textum,* es decir "tejido", y ciertamente un texto viene a ser el tejido o tapiz de unos cuantos hilos de pensamiento. Asombra leer este himno tan antiguo en el que, lejos de imaginar repuestas míticas acerca del origen del universo, se plantean muchas preguntas, como muchos siglos más tarde haría la filosofía en Grecia. Preguntas que luego aventuran algunas respuestas que se asemejan asombrosamente a otras que nos suenan a autores conocidos muy posteriores a este texto. Y cuando en la última pregunta parece responder, al final da un giro sorprendente, y vuelve a plantear el interrogante. Leamos ese texto que se adelantó varios siglos a las reflexiones de Heráclito, Parménides, Demócrito o Aristóteles:

> 1. Entonces el no-ser no era, ni tampoco era el ser. No era el espacio etéreo, ni, más allá, la bóveda celeste. ¿Había algo que se agitase? ¿Dónde? ¿Bajo la protección de quién? ¿Existía el agua, ese profundo, insondable abismo?
> 2. No había muerte, ni había lo inmortal, ni signo distintivo de la noche y del día. Solo lo uno respiraba, sin aire, por su propia fuerza. Aparte de él no había cosa alguna.
> 3. En el comienzo solo había tiniebla envuelta en tiniebla. Todo era agua indiferenciada. Principio del devenir rodeado por el vacío, lo uno surgió por el poder de su propio ardor interno.
> 4. En el comienzo brotó en él el deseo, que fue la primera semilla de la mente. Buscando en sus corazones, con sabiduría, los sabios hallaron el nexo que une al ser con el no-ser.
> 5. Se extendió a través su cuerda. ¿Había un abajo? ¿Había un arriba? Había fecundadores, había energías. Abajo la potencia, arriba el impulso.
> 6. ¿Quién sabe la verdad? ¿quién puede decirnos de dónde nació, de dónde esta creación? Los dioses son posteriores a la creación de este mundo. ¿Quién puede saber de dónde surgió?
> 7. Él, el primer origen de la creación, ya sea que lo haya hecho todo o no lo haya hecho, cuyo ojo controla este mundo en los cielos supremos, él en verdad lo sabe. O tal vez no lo sepa.

"O tal vez no lo sepa". Es decir, que ni Dios sabe cómo ha sido el origen de este mundo. Asombrosa reflexión escéptica, sobre todo por lo arcaica que es.

Volvamos a Occidente y, en concreto, a la tradición cristiana.

El pensamiento del llamado Maestro Eckhart (s. XIV) tiene su base en la teología *apofática* o negativa del Pseudo Dionisio Areopagita (s. V-VI), ya iniciada por Clemente de Alejandría (s. III) y continuada por San Agustín de Hipona (s. V), y que tiene claras raíces neoplatónicas. La teología negativa viene a decir que el intelecto humano no puede afirmar nada sobre la esencia divina, no puede decir lo que Dios es, sino solo lo que no es. Se contrapone a la teología *catafática* o positiva, como la que desarrollaría Santo Tomás de Aquino (s. XIII), según la cual nuestra razón sí que puede afirmar algunas cosas sobre Dios. Es comprensible que la teología *apofática* haya sido la preferida de los místicos, pues todos ellos, al intentar contar sus visiones, sus éxtasis o arrobamientos, se encontraron con la paradoja de que estaban intentando expresar lo inefable: hablar de lo que no se puede hablar. Como intentaba decir Basílides.

Hay una reflexión de Eckhart que ha fascinado especialmente a autores contemporáneos como Heidegger, la que desarrolla acerca de la nada, de Dios como una nada. En uno de sus sermones, comentando un pasaje de Lucas, de los *Hechos de los apóstoles* (9,8) -después de que Saulo, el futuro Pablo, viendo una luz fulgurante del cielo se cayese del caballo-, que dice: "Saulo se levantó del suelo y, con los ojos abiertos, nada veía", Eckhart lo explica así:

> Me parece que esta palabra tiene cuatro sentidos. Un sentido es éste: cuando se levantó del suelo, con los ojos abiertos, nada veía y esa nada era Dios; puesto que, cuando ve a Dios, lo llama una nada. El segundo: al levantarse allí no veía nada sino a Dios. El tercero: en todas las cosas nada veía sino a Dios. El cuarto: al ver a Dios veía todas las cosas como una nada.

Siguiendo con el sermón de Eckhart, más adelante nos sorprende con una de las más audaces visiones sobre Dios que conozco:

> Cuando el alma llega a lo uno y allí entra en un rechazo puro de sí misma, encuentra a Dios como en una nada. A un hombre le pareció [una vez] en unsueño -era un sueño de vigilia- que estaba preñado de la nada, como una mujer [lo está] de un niño, y en esa nada había nacido Dios; él era el fruto de la nada. Dios había nacido en la nada.

Cerrando el círculo, leamos lo que escribía Pseudo-Dionisio Areopagita, principal representante de la teología negativa o *apofática*, muy en consonancia con lo que decían el *Sutra del corazón* y Basílides:

Esta Causa no es alma ni inteligencia; no tiene imaginación, ni expresión, ni razón, ni entendimiento. No es palabra por sí misma ni tampoco entendimiento. No podemos hablar de ella ni entenderla. No es número ni orden, ni magnitud ni pequeñez, ni igualdad ni semejanza ni desemejanza. No es móvil ni inmóvil, ni descansa. No tiene potencia ni es poder. No es luz, ni vive ni es vida. No es sustancia ni eternidad ni tiempo. No puede el entendimiento comprenderla, pues no es conocimiento ni verdad. No es reino, ni sabiduría, ni uno, ni unidad. No es divinidad, ni bondad, ni espíritu en el sentido que nosotros lo entendemos. No es filiación ni paternidad ni nada que nadie ni nosotros conozcamos. No es ninguna de las cosas que son ni de las que no son. Nadie la conoce tal cual es ni la Causa conoce a nadie como es. No tiene razón, ni nombre, ni conocimiento. No es tiniebla ni luz, ni error ni verdad. Absolutamente nada se puede afirmar ni negar de ella.

Cuando negamos o afirmamos algo de cosas inferiores a la Causa suprema, nada le añadimos ni quitamos, porque nada puede añadir la afirmación a la que es perfecta y única Causa de todo cuanto es. Y toda negación se queda corta ante la trascendencia de quien es absolutamente simple y despojado de toda limitación. Nada puede alcanzarlo.

Pseudo-Dionisio Areopagita: *Sobre la teología mística a Timoteo*, V.

¿Qué más decir sobre la nada, de la que nada se puede decir? Tal vez aquella frase con la que Wittgenstein concluye su *Tractatus logico-philosophicus*: "de lo que no se puede hablar hay que callar". Basílides y Pseudo-Dionisio Areopagita estarían de acuerdo.

"No somos nadie", suele decirse, con pesadumbre, en los funerales de un ser querido. Pero si bien pensar sobre el todo y la nada "no es provechoso", como decía Jung, "pues hacerlo supondría nuestra disolución", pocas cosas hay más ciertas que lo que reza el dicho popular, pues, en verdad, *no somos nadie*.

Este libro se publicó
en el mes de octubre
del año 2025